人形の怖い話

黒木あるじ
川奈まり子
西浦和也
田辺青蛙
[illegible]

吉澤有貴

竹書房
怪談
文庫

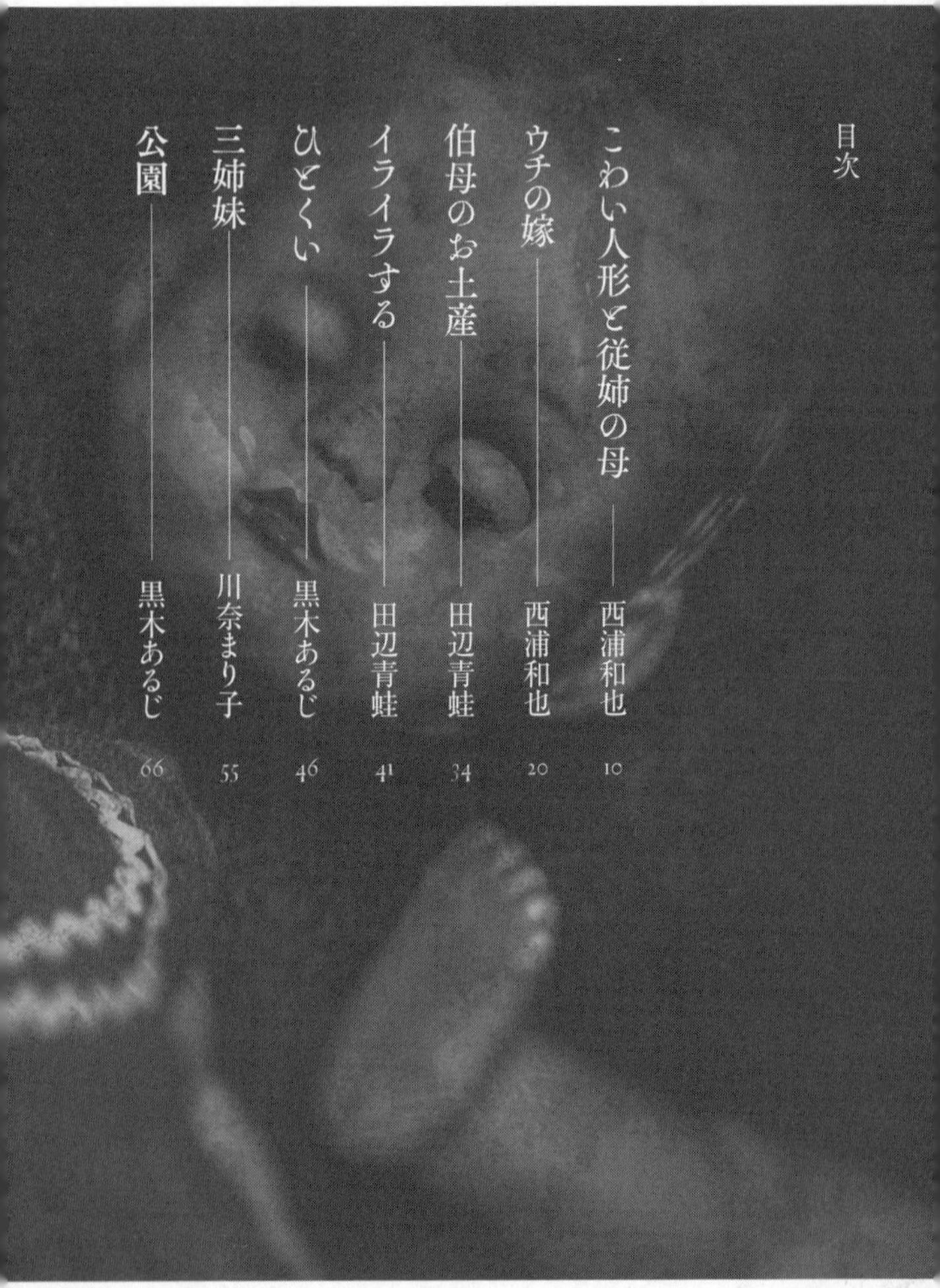

目次

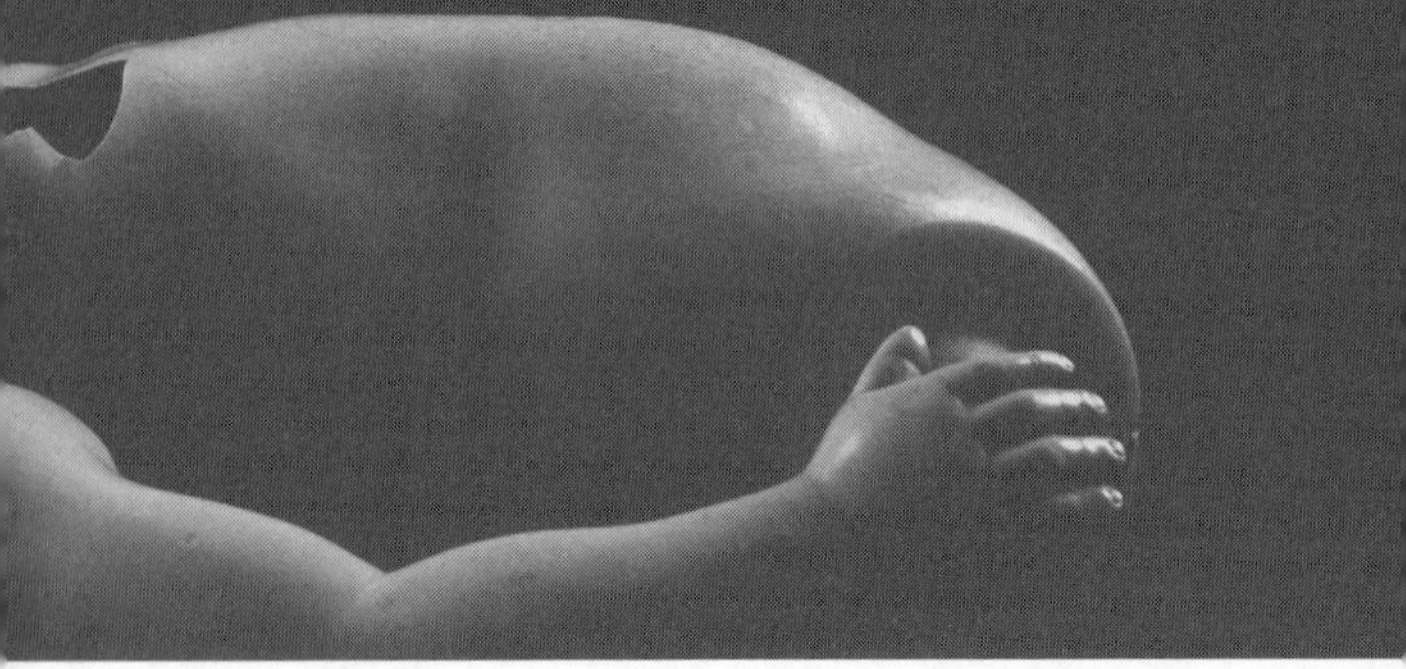

怪談百番

人形の怖い話

こわい人形と従姉の母

五十代で開業医のかたわら、怪談の収集を趣味にしているという岡本さんが、

「私には『私の前で絶対に怖い話なんかしないで！　もし怪談を聞かせてきたら、絶交よ！』と、異様なまでに怪談話を嫌っている従姉がいたんです」

と、唐突に話を切り出した。

怪談話が好きな岡本さんから見たら、従姉《いとこ》は真逆の性格で共通する話題が少ない相手だったという。なので、親戚中で集まった時にも話すこともなかった。

しかも、もうずいぶん長いこと顔もあわせていないため、彼女の風貌は何十年も前で止まったままで若い頃の印象しかない。あえて話題にしなければ、思い出すこともほとんどない相手だった。

ところが、そんな彼のもとに先日、年老いた実家の母親から、「今思い出したんだけど、ずいぶんと前に、従姉のヒロコちゃんがこんなこと言ってたのよ……」とメールが届いた。

最近買い換えたスマホに不慣れなのか、とりとめもなく、所々誤字脱字があって、少々読むのに苦労したが、要約するとこんな内容だった。

それは、五十年ほど前。当時ヒロコがまだ小学四年生の時だというので、昭和四十七年頃のことになる。

ヒロコの母・カズエは当時、羽振りのいい建築会社の社長と結婚した。一人娘が学校に上がると手がかからなくなり、その頃から夫婦のすれ違いが始まった。やがてカズエは、女友達と始めた小料理屋の経営に夢中になっていたという。

夫と娘を豪邸に残して、カズエは店に近い市外のアパートを借りてそこに住み、気が向いた時にだけヒロコに会いに来るという気ままな生活を送っていた。

家族揃って暮らせない娘を不憫に思ったヒロコの父は、彼女に小学生には広すぎる子供部屋を与え、一緒に出掛けられる休日には県内有数の百貨店で娘が「ほしい」と言ったおもちゃを買い与えることで、家庭にあいた隙間を埋めようとした。

「ある時、お父さんから、とっても素敵なお人形を買ってもらったの。すごくかわいくて、その頃いちばん好きな子だったの」

人形は赤いつば広帽子を頭に乗せ、肩口ほどの長さの明るい茶色の髪の毛は、ふんわり広がっている。鮮やかな青と白のストライプの長袖ロング丈のエプロンドレスの縁には、同じ生地のフリル。黒目がちの大きな瞳と、しっかり口角が上がった笑顔。そして、活発な印象を持たせているそばかす模様が、鼻の頭に少し散っていた。

よほど気に入ったのか、ヒロコは買ってもらったその日から、人形遊びの時だけでなく家にいる間は片時も離さないほど、同じ時間を人形と過ごしていたという。

「だけど、何か月か経った頃から急に、そのお人形のことが怖くなったの」

なぜだか理由はわからなかった。だがある日突然、赤い帽子の人形と同じ部屋にいるのが怖くなった。抱いて手元にある時、部屋に置いてある時、いずれも人形が自分をじぃーっと見つめているような感覚にとらわれる。

悩んだ末、ヒロコは自分が赤ちゃんの頃に使っていたテーブル付きの椅子を、自分の子供部屋から見えない廊下の端に置き、そこに人形を座らせ、触らなくなった。

「あの頃、叔母さんからもパジャマ入れ人形をもらったでしょう？　実は私、あの人形も怖かったのよ……」

そう言われて岡本さんの母は、姪のヒロコの十歳の誕生日プレゼントにと、当時勤めていた三宮の百貨店からパジャマ入れ人形を贈ったことを思い出した。

戦後の傷あとも影を潜めて、近代的な和洋折衷の住宅や暮らし方が急激に一般家庭に浸透していった当時。起床後にベッドの上や、その周りに脱いだパジャマを収納する目的でパジャマ入れ人形が登場した。パジャマを人形の背面から中に入れることで、それが人形の中綿の代わりになり、ぺちゃんこだった只の袋をぬいぐるみに変身させることができる。

しかも人形は、そのまま枕元に飾ることもできるし、人形によっては備え付けの紐やベルトで壁やベッドの支柱に掛けて飾ることもできる。その見た目の良さから、当時の少女たちにとって人気の商品だった。

姉のカズエから「娘のヒロコはお人形遊びが好きだ」と聞いていた岡本さんの母は、上半身がソフビ製で腰から下がパジャマ入れになっているものを購入した。

ところが、ヒロコは誕生日プレゼントで贈られた、そのパジャマ入れ人形も、到着からほどなく怖くてパジャマを入れられなくなり、ついには赤いつば広帽子の人形と並べて、子供部屋前の廊下の端に置いたというのだ。

「はじめはあんなに好きだったのに、いつの間にか同じ家の中にお人形たちがいるだけで、すごく怖くなって廊下に出したの。部屋を出入りする時には必ず視界に入るし、なんとなく真夜中に自分の部屋の中に入って来そうな感じがして……」

怖くて我慢できなくなったヒロコは、ある日やってきた母親のカズエに相談した。

なぜかわからないけれど、父親から買ってもらった人形と、叔母からプレゼントされた人形が理由もなく怖い。けれど頂き物をおいそれと捨てるわけにもいかない。とはいえ、このまま廊下の隅に置いておくのも怖い。

どうしたらいいかと伝えると、カズエは「そんなにお人形が怖いなら、お母さんのアパートで預かってあげる」と言って笑みを浮かべると、その日、紙袋に二体の人形を入れて自分の住むアパートに帰っていったという。

「それからは怖いこともなくて、すっかり忘れていたんだけど、私が中学生になったある日、お母さんにこんなことを言われたの……」

カズエはあの日、人形を紙袋に詰めようと廊下に出た瞬間、件《くだん》の人形たちと視線が交差した。薄暗い廊下の中で二体の人形の目が明らかに自分のことを認識して、次の瞬間赤く光った。カズエの背中にゾクッと悪寒が走り、その時初めて、娘の言う「お人形が怖い」

という感覚を理解したという。

袋に入れる時、改めて仕掛けがないかと人形の顔を調べた。いずれも、当時の主流だった大手メーカーの人形と同様に、眼の部分はただの印刷。ガラス細工の眼のように、光の反射で光って見えるわけがなかった。

カズエは気安く「人形を預かる」と言ったことを後悔したそうだ。

「ホントなんだって！　並んでる人形の目が四つ、赤くピカーッて！　アタシは確かに見たんだってば！」

中学生のヒロコに向かって、カズエは大人げなく強い口調で言った。

「あんたには聞こえなかったみたいだけど、赤い帽子の人形はアタシが持って帰るって言った後から、ブツブツ独り言しゃべりだして……。移動中も突っ込んだ紙袋の中で、ずーっとうるさくてさ、どんだけ途中で捨てようかと思ったか……。ホント持って行くなんて言わなきゃよかったと思ったわよ！」

結局人形は、カズエがアパートに戻ってすぐに紙袋に入れたまま、目につかない押し入れの奥にしまわれた。

「でさぁ……」

その当時、カズエが友人と始めた小料理屋はスナックに変わっていて、カズエの言動はずいぶんはすっぱな夜の女のものになっていたという。カズエは娘に遠慮のない口調で話を続けた。

「ヒロコのお人形さん。ずっとアタシんちの押し入れにあったんだけどね……」

夜中に部屋に戻ると、閉まっていたはずの押し入れの襖《ふすま》が開いていた。襖はたしか今朝、自分の布団を仕舞った時に閉めて、仕事へ出たはず。

なのに仕事を終えて戻ってみると襖は全開になっていて、押し入れの奥にしまったはずの人形の紙袋が顔を出している。

それ以降、襖はかなりの頻度で開くようになった。

カズエはこれを気味が悪いと思いながらも、それ以上の異変は起きなかったこともあり、あえて気にしないようにして襖を閉め直し続けたという。

そんなことを続けて、数年が経った頃だった。真夜中、お店終わりにチーママが彼女のアパートへ遊びに来た。

二人は部屋でテーブルを挟んで座り、店から持ってきた残り物のつまみを広げて呑み始めると、世間話に華を咲かせた。最近の若い芸能人はどうだとか、たまに来るお客はああだとかこうだとか、話題はそんな他愛のないものばかりだった。

「その時なのよ……」

母が急に声をひそめた。話はすっかりヒロコが苦手な怪談話になっており、話を止めてほしかったが怒られそうな気がして、彼女は母の話を我慢して聞くしかなかった。

「ひとしきり呑んでチーママが〈もうそろそろ帰ろうかな〉って言うんだけどさ、アタシは名残惜しくて〈寂しいなぁ、もう少しいてよ〉って思ったの。そしたらね……」

——マダ、帰ランデエエガネ。

突然、押し入れの中から方言丸出しの、しわがれた老婆の声がした。

「ぎゃーーーーーーっ！」

二人で大声をあげて部屋を飛び出した。廊下でガタガタ震えていると、絶叫に驚いた周りの部屋の住人が、ドアを開けて二人をのぞいた。その日は、部屋に戻らずチーママの家に泊めてもらった。

翌朝アパートに帰ると、閉めていたはずの襖が全開になって、人形の紙袋が顔を出していたという。

スナックでの定番ネタにでもしているのか、流暢《りゅうちょう》にまくし立てるとカズエは一息ついてから、おもむろに笑った。

「で、チーママが〈あれはお寺さんで供養してもらった方がいいよ〉って言うからさ、部屋に戻って使ってないボストンバッグにお人形さん二つとも詰め直して、お寺に持って行くことにしたのよ……」

怪異の翌日、自分のアパートに戻ったカズエは、全開になった襖の前にボストンバッグを置きファスナーを開けた。人形の入った紙袋に手を突っ込むと二体の人形を無造作につかんでボストンバッグの中に押し込むと、すぐに寺に向かおうとした。

ところが何故だかボストンバッグが、全然持ち上がらない。例えるなら、バッグの中いっぱいに十円玉を詰めたかのようにズシリと重いのだ。いくら両手で持ち上げようとしても、地面に接着剤でくっついているかのようにビクともしない。慌ててバッグの口を開けて確かめたが、やはり中には二体の人形しか入っていなかった。

恐ろしくなったカズエはそのまま部屋から逃げ出した。

後日、彼女はもう一度、押入れ前に陣取ったバッグから人形を取り出すことにした。覚悟を決めて押し入れのボストンバッグの口を開けると、人形を手で鷲掴みした。

てっきり前回のように重くなって抵抗されるかと思ったが、二体とも嘘のように軽かった。

カズエはこれ幸いに、人形を手で掴んだままアパートを飛び出した。幸い手の中の人形は、それ以上の怪異を起こすことなく、無事お寺へと届けられ茶毘《だび》に付されたという。

ヒロコは聞きたくもない母の愚痴とも怪談ともつかない話を聞かされながら、

「なんとなく怖いという理由で、人形を母に預かってもらったが、やはりあれは良くないものだったんだな……」と思ったそうだ。


「そんな従姉の話が、僕の母から送られてきたんです。この話、気になったんで僕自身が、従姉や伯母さんから直接聞き直せたらよかったんですが……」

岡本さんの伯母であるカズエは、スナックの経営難で親戚からの借金がかさみ、親戚全員と絶縁状態である。還暦を過ぎたはずの従姉のヒロコは現在、親戚との交流もなく生死不明の行方知れずなのだという。

ウチの嫁

岡田さんは大手商社に勤める三十代の会社員である。数年前の春、人事異動で何年かぶりに同期のヤマザキが同じ支店に配属されてきた。

「久しぶりだな。最近どう？」

新人の歓迎会と合同の歓迎会の席で、久しぶりに酒を酌み交わしながら近況を聞くと、少し照れたように「嫁ができた」とヤマザキが答えた。

「へえ、おめでとう！……ってことは、奥さんも一緒に転勤してきたのか？」

「あっ……。う、うん、まあな」

「奥さんとは、何処で知り合ったんだ？」

「え？　アンティークショップで出会って、俺が一目惚れして……」

「面食いのおまえが一目惚れするくらいだから、きっと美人なんだろうな。今度おまえの奥さんを紹介しろよ」

「そうか？　じゃ近いうちに、遊びに来いよ。きっとウチの嫁も喜ぶよ」

「もちろん、行く行く！」

その時は本当に行く気はなかったが、同僚の結婚とはおめでたい話題であることだと思い、岡田さんはノリよく社交辞令を返したという。


ところが。歓迎会の翌日、ヤマザキがわざわざ岡田さんの席までやって来て、

「あ、あのさ岡田。今夜ってヒマ？」

聞けば、昨夜の会話を伝えてからというものヤマザキの奥さんから、いつ来るのかと何度も訊かれるのだという。そこまで楽しみにされていたのかと、正直意外な嬉しさも感じたが、生憎この日に接待があった岡田さんは「今夜は無理だ」と、断った。

「そうなのか……。しかたないな」

そう肩を落として席へ戻ろうとするヤマザキの背中を見て、罪悪感を感じた岡田さんは慌てて呼び止めると、翌週彼の家へ遊びに行くことを約束した。

約束の当日、仕事帰りに会社の前で待ち合わせた。

ヤマザキのマンションへは会社の最寄り駅から乗り継いで五十分ほどの距離。岡田さん

がまだ降りたことのない駅で、そこからは徒歩十分ほどの場所にあるという。

目的の駅で降り、駅前の商店街のコンビニエンスストアでビールや弁当を買い込んで、さらに歩く。そのうち風景は、畑がちらほら見えるのどかな住宅街へと変わる。

やがて「あれだよ」とヤマザキが畑の向こうに見える三階建てのマンションを指した。ベランダ越しに見える各部屋の窓には、在宅中を伺わせる明かりが所々見える。

しかしその時、岡田さんは妙なことに気づいた。

狭い空間で仕切られたベランダを見ても分かるとおり、マンションは明らかに単身者向けのものだ。ヤマザキからは夫婦で転勤してきたと聞いているので、部屋数のあるファミリー向けの物件に住んでいると思っていた。

「こっちだよ」

マンションのエントランスから階段で三階へ。着いたら目の前の通路をまっすぐ廊下を進んでいく。やがて何番目かのドアの前に立つと、ヤマザキは、ポケットから鍵の束を取り出すと、慣れた手つきで鍵を開けた。

ヤマザキはドアを開けると、そのまま押さえて「お先にどうぞ」とばかりに右手を玄関に向けて伸ばした。

「お邪魔します」

岡田さんはヤマザキに軽く会釈をすると、暗いままの土間で革靴を脱いだ。

パチッという音がして玄関の明かりが点くと、意外と下駄箱周りはきれいに整頓されている。ゴミらしいものもなく、土間の隅の方には履き古してくたびれた男物のジョギングシューズと、靴箱に立てかけた透明のビニール傘が一本見える。

(変だな……?)

妻帯者だというのに女物の靴や傘は見当たらず、夫婦が使う玄関にしては物が無く殺風景だった。

玄関から廊下に上がりながら奥を覗いたが、やはり間取りは独身の自分と同じ1LDKのマンションと同じに見える。おそらく、正面の扉を開けるとダイニングキッチンで、その奥に狭めの部屋がもうひとつあるのだろう。

(将来の家購入とかの資金作りで、節約して小さい部屋に住んでるってことかな?)

早々と結婚した後輩に聞かされた、家計にまつわる苦労話を岡田さんが思い出していると、背後でガチャンとドアの閉まる音が響いた。

ヤマザキから「こっち」と廊下の奥からリビングに通され、部屋の明かりが点けられると、リビングは思ったほど狭くは感じられなかった。

しかしそれは、今時珍しいほどの小さな液晶テレビとその台、どこかの通販番組で見たことのあるビーズのたくさん入った大きなクッションがひとつ。それにちゃぶ台のようなローテーブルのみが置かれた、生活臭の感じられない家具のせいだと気づいた。

「あれ？　今日、奥さんは？」

あまりにも静かで、自分たち以外に人の気配がないのが気になった岡田さんは、あたりを見渡しながら尋ねた。

「あ、そうだった。ちょっと待って」

岡田さんに言われて思い出したように、ヤマザキはピカピカで傷一つないキッチン台の上に、持っていたコンビニ袋を置くと、あたふたとリビングに面した引き戸に手をかけて横にスライドさせた。

リビングの奥には、もう一つの部屋らしき空間が広がっていた。しかし、暗すぎて奥がよく見えない。ヤマザキは壁のスイッチに手を伸ばすと、奥の部屋の明かりを点けた。

間髪入れず部屋の中が明るくなった。

寝室として作られた五～六畳ほどのフローリングの洋間、その壁際には飾り気のない木製のシングルベッドが見え、その上には座ってこちらを見ている人影があった。

「ただいま、レイコ。前に話してた、岡田を連れてきたよ」

ヤマザキが人影に声を掛けた。いったい彼の妻はこんな暗い部屋の中で、なぜじっとしていたのだろう？　夫婦そろって、自分へのサプライズを仕掛けようとしたのか？

（だとしても、何かがおかしい）

なぜなら人影はベッドのサイズに対して、極端に小さく見えたからだ。

岡田さんは眼をこすり、よく見てみると「それ」は人間ではなかった。

ベッドの上にいたのは、身長一メートルほどのはかなげな少女の顔をした球体関節人形だった。

服装はひらひらしたドレスではなく、人形サイズに仕立てられた白いブラウスとピンクのカーディガン、膝が隠れる長さのライトグレーのフレアスカートを着ており、椅子から垂らした脚はタイツに包まれている。髪型は栗色のゆったりしたウェーブがかかったミディアムロングで、透き通るような白い肌色ではあるが不健康な感じはなく、まるで生きた人間を縮小したかのようだ。

「岡田、これがウチの嫁のレイコ。やっとみんなで飲めるね」

本当の妻のように人形の「レイコ」を紹介したヤマザキは、ほっとしたような機嫌のよさで、岡田さんにビーズクッションに掛けるように促した。

球体関節人形を「嫁」と呼ぶヤマザキの様子に岡田さんは面食らったが以前、等身大のキャラクターフィギュアと結婚したという男性のニュース映像を見たこともある。

しかもこの「レイコ」という人形は西洋のビスクドールを思わせる精巧な作りで、顔立ちは彫りの深い端正な造りをしている。

(すごいもんだなぁ……)

顔の中でも特に印象的だったのが、緋色《ひいろ》をしたガラス製と思しきドールアイで、見ているだけで、つい吸い込まれてしまいそうになる。

なぜかその眼は、岡田さんの事をジッと凝視しているように感じられた。

「岡田、どうかした?」

「あ、ああいや。お前の好みって、俺の予想のななめ上だなって思って……ハハハ」

自分の嫁だと紹介してきたヤマザキに対して、即座に「レイコ」を人形扱いする態度はさすがに失礼だと思い、今日だけは話を合わせようと思った。

「まあ、そこに座っててよ。俺コップとか持ってくるからさ」

岡田さんは咄嗟に「あ、いや。俺も手伝うよ」とヤマザキを追いかけた。なんとなく「レイコ」と二人の空間にいるのは危険と感じて、男二人でキッチンに向かった。

自宅飲みの用意も整い、ビール片手にリビングのテレビで、遅めのバラエティー番組を見ながら飲んでいると、ヤマザキがふと口を開いた。

「そういえば、岡田はまだ結婚しないの？」

「え？」

そう尋ねられ、テレビの画面から、テーブルを挟んで寝室側に座っているヤマザキに視線を向けると、その肩口から見える「レイコ」とまた眼が合った気がした。慌てて視線をそらすとヤマザキの方に向き直った。

「だって、岡田って同期の間でもイケメンだって評判だったし、新人研修の時とか、本社の女の子たちによく誘われてたろ？　彼女くらい、いるんじゃないの？」

自宅飲みだからなのか、歓迎会の時とは打って変わってヤマザキは饒舌だ。

「いやいや！　あの時は若かったし調子に乗ってただけなんだよなぁ。罰が当たったのか、最近はトンとご無沙汰だよ」

そう答えながらも、ヤマザキの肩口からチラチラ見える「レイコ」が気になってしまう。せめて眼だけは合わせないようにと、彼の顔に意識を集中する。

「またまた～。岡田なら、すぐにいい人が見つかるって！」

酔いがまわってきたのか、ヤマザキはそう言うとしきりに肩をバンバンと叩く。彼としてはスキンシップのつもりなのだろうが、ワイシャツの上からだとかなり痛い。

「話の途中だけど……わるい。ちょっとトイレ貸して」

一旦話に区切りをつけようと、トイレに行こうと立ち上がった時だった。床に座っていたヤマザキが彼を見上げた。

「あ、ウチのトイレ、ユニットバスだから。風呂場の中になるけど」

「分かった」

そう答えた時にヤマザキの背後、ベッドの上で何かが動くのが目に入った。

見てはいけないと分かっていても、つい「レイコ」に眼をやってしまった。

（ヤバい……）

「レイコ」の顔の角度が、明らかに立ち上がった自分を見上げるように変わっている。

岡田さんはその視線から逃れるように、そそくさとトイレに向かった。

（なんなんだ、あれは）

ユニットバス兼用のトイレの便器に腰掛けると、嫌な動悸に気がついた。便器に座ったまま、必死に今見たものを思い起こしていた。

人形を「嫁」と呼ぶヤマザキに、自分に視線を向けてくる人形。

しばらくの間、座り込んで考えていた岡田さんだったが、あれは自分の見間違いだったのだろうと思い直すことにした。

(あの人形の目はガラス製で、光の反射でそう見えた……とか?)

顔が自分を見上げたように見えたのは、元々そういう角度だったのかもしれない。

(ヤマザキが人形を紹介し出したのも、後で本当の嫁さんを紹介するための仕込みがまだ続いてるってことかもしれないな。……うん、きっとそうだ!)

そう思い直すことで、やっと少し冷静さを取り戻せてきた。

動悸がようやく落ち着いたところで、岡田さんはリビングに戻ることにした。

リビングのドアを開けると、ヤマザキは相変わらずローテーブルの前に座って、ビールを飲みながらコンビニ弁当をつついている。

岡田さんも自分の席に座るため、部屋に入ってビーズクッションのある方に向かおうとした時だった。

――――オカエリナサイ。

突然、若い女の声が部屋の中で聞こえた。ヤマザキの背後のベッドの方からだ。

驚いてベッドの上を見ると、「レイコ」がリビングの入り口に立つ岡田さんの方向に向き直っている。しかも先ほどと顔の角度も明らかに異なっており、まさにトイレから戻ってくる岡田さんを待っていたかのようだった。

「ヤマザキ」

「ん？　あ、おかえりー」

振り返ったヤマザキの表情はいたって穏やかで、サプライズを仕掛けているような様子は感じられない。だが、岡田さんはどうしても確かめておきたかった。

「ヤマザキ。おまえさ、俺がトイレに行ってる間、嫁さん触ったか？」

「いや？　ずっとテレビ見てたぜ」

そう答えながらヤマザキは、岡田さんの視線に気づくと、その先に眼を向けた。

ベッドの上には、岡田さんのいるリビングのドア方向に向き直った「レイコ」が座っている。しかし彼はチラリと見るだけで、特に驚くこともなく視線をテレビに戻した。

（えっ⁉）

彼の言う通り、ずっと座ってテレビを見ていたのなら、誰の手も借りずに体の向きを変えている人形を、すぐ側にいた部屋の主が気にしていないのは信じられなかった。

ビーズクッションに座りなおしたものの、おとなしい同期だと思っていたヤマザキのことが岡田さんは少し怖くなってきた。

ローテーブルの上にはさっきまで自分が飲んでいた、飲みかけのビールがあったが、もう口をつける気も起こらない。

（どのタイミングで帰ることを切り出そうか……）

バラエティーの画面をうつろな気分で眺めていると、ヤマザキの声が聞こえた。

「この次はなに見る？」

声に釣られて、うっかりヤマザキの方を向いてしまった岡田さんの口から、小さな悲鳴が漏れた。

ヤマザキの背後、「レイコ」の緋色の眼が、岡田さんの顔を凝視していた。

体はリビングの出入口に向けたままだったが、首だけが人間ではあり得ない角度でねじれ、少しでも近くで岡田さんの顔を見ようとしているかのような姿勢になっている。

もう限界だった。

「わ、もうそんな時間か！　遅くまで居座り続けて悪かったな。そろそろ帰るわ」

「まだ終電まで時間あるじゃないか……」

慌てて上着と鞄を掴んで立ち上がる岡田さんに、ヤマザキが引き止めにかかる。

「なに言ってんだよ。お互い明日も仕事だろ」

そんな押し問答をしていたその時。

――ゴトン。

見ると奥のベッドの上に座らせてあった「レイコ」が、ベッドの上から寝室のフローリングの床に転がっている。

手足はそれぞれ異なる方向に折れ曲がっていて、転落事故の犠牲者を思わせた。

「よ、用事！　資料、家で見とかないと……！」

岡田さんはヤマザキの腕を振りほどくと、リビングを飛び出した。

玄関先で慌ただしく靴を履いていると、奥から出てきたヤマザキから残念そうに、

「今日は来てくれてありがとうな。また遊びに来いよ」

と、見送りされた。

しかしそう言われても、こんな所には二度と来たくはなかった。岡田さんはヤマザキへの返事を濁すと、挨拶もそこそこにヤマザキの部屋から逃げ出した。

（もしかするとあの家を出る瞬間まで、リビングの扉の向こう側で、あの人形は、俺を凝視していたんじゃないか……？）

帰り道の電車の中で岡田さんは、吸い込まれそうな緋色の瞳を思い出して震えていた。

その後も何度かヤマザキから自宅飲みの誘いを受けるようになった。

だが、岡田さんは「そんな度々行っては奥さんに悪いから」などと言って断ったり、自分のおごりで外で飲んだりと画策して、ヤマザキのマンションに決して足を踏み入れようとしなかった。

そして夏のボーナスが近づく頃、飲み屋の席でヤマザキがポツリと言った。

「最近、レイコが冷たくてさ……。離婚を考えてるんだ」

あの時自分に向けられた「レイコ」の緋色の瞳と、何度か眼が合った時に吸い込まれそうになった視線の意味を、いきなり理解した気がした。

伯母のお土産

高円寺に住んでいるフリーターの山田さんから聞いた話。

細い、うりざね顔の日本人形をね、子供の頃にね、伯母から貰ったことがあるんです。

伯母は独身で、一人旅が好きな人でした。

いつも来るときは急に電話が来て「これからお土産持っていくから」とだけ伝えて一方的に切るんですよ。そして、電話があってから三十〜四十分ほどして家の前に来て、「○○へ行ってきた話をしに来たの」と言って上がり込むんです。

伯母はいつも、旅のお土産を持って来てくれました。お菓子や雑貨、玩具と、いつも予想の付かない伯母から手渡される物に、母は戸惑っているようでしたね。

大きなザボンの砂糖漬けやゼリーを持って来て、食事前に皆で食べましょうと言ったり、絵葉書やペナントを食卓で広げ始めたりするような人で、今思えば、突然来ることも含め

て非常識なところがあったのだと思います。

そんな伯母が持ってきた人形は大きく、埃《ほこり》の臭いがしていました。

「これ、旅先の民芸品店で見てピンと来たの！　すごいでしょう。アンティークなの。今じゃこんな人形、作れる人もいないんですって」とかなんとか言ってて、母は目で要らないと伝えているようでしたが、伯母はこんないい物を貰えた人はラッキーだ、あたしは同じものが十体欲しいくらいというようなことを言って、勝手に寿司屋に電話をかけて出前を取って、飲み食いして帰って行きました。

私にとって、それが伯母の元気な時の最後の記憶です。


その翌年、伯母は病気で倒れて、入院することになり、好きな旅行にも行けず、とても静かな人になってしまいました。

伯母から貰った人形は、私の部屋の隅にもたれかけるように置いてました。

不気味な白い顔を、夜トイレに行く時に見るのが嫌だったのと、考えごとや勉強中に部屋の中で視線を泳がしている時に、人形の顔が目に入るのが不快で、着なくなった古着を人形に被せていました。

でもある日、部屋で掃除機をかけていると、足が当たって、かけていた古着が人形から滑り落ちてしまったんです。

その時、凄い驚きましたね。だって、人形の顔が前と違っていたから。

人形の顔が、伯母に似ていたんです。

そう感じて、驚いて母を呼びました。

「ねえ、これ伯母さんに似てない……?」

指さして伝えると、「そう言われるとそうかも。でもあの人、もともとちょっと古い日本人の美人タイプというか、こういう人形に似た顔だったし、しばらく会ってないからそう思うだけじゃないの。最近ずっと会ってないから、貰った人の顔に見えてきたのよ」

母はそう言って、部屋を出て行きました。

私は再び人形に服をかけて、隠そうとしました。その時、人形の細い目がチロッと自分の方を向いたような気がしたんです。

そうなると部屋に人形があること自体が嫌になったので、お願いだから人形を捨てたいと母と父に伝えました。

すると、せっかく貰った物を粗末にするのは良くないと言われてしまって。

なら、他の部屋に飾って欲しいと言うとそれもダメだと言うんです。

どうしてと理由を聞くと、どうしてもだと言われ、私がそんなの納得できるわけがないと言うと、部屋に行ってなさい！　と怒鳴り口調で父に言われました。

部屋に戻って扉を閉めると、立てかけていた人形が横に倒れて顔が見えました。

ますます私は、人形の顔が伯母にしか見えませんでした。

もう、この人形がここにあるのさえ無理だと思った私は、翌週、近所に住む祖母の家に行きました。そして、祖母に人形の話をしました。

「まあ、この子は怖がりねえ」と笑って、伯母の人形を引き取ることを祖母は了承してくれました。

母も祖母の家ならと納得してくれて、人形は父が運んでくれました。

祖母は床の間に置きましょうかねと、父に人形の梱包を解くよう頼みました。壊れないように巻き付けていた古新聞や襤褸《ぼろ》切れを取ると、その場にいた父はぎょっとした表情を見せました。

気になったので、私も近くによって人形を見て驚いてしまいました。

人形の顔がぬるぬるに溶けたみたいになっていたんです。

水に濡らして撫でつけた、紙粘土のようでした。ほんの三十分ほど前に、叔母に似た顔を見たばかりだったのに。

うりざね顔のやや茶色がかった細い目も、赤く薄い唇もそこにはなく、溶けたのっぺらぼうのような顔が乗った人形を見て、どうしてこうなったんだと父は言いました。

祖母も私も理由が分からず、人形の前でお互いの顔を見合わすしかありませんでした。

中から薬剤が溶け出たのかも知れないから、触らずこのまま捨てようという父の提案に、祖母は反対をしました。それだけでなく、この人形の異変は、娘に何かあったからかも知れないと言い、伯母が入院中の病院に電話をかけました。

すると、看護師さんが出て「今穏やかな顔で眠っていますよ。起こしましょうか?」と、祖母に伝えたそうです。

祖母は寝ているのなら、そのままにしてくださいと言って受話器を置きました。

その後、父と家に戻ると、扉に鍵がかかっていました。母は買い物にでも出かけているようで、家の中は暗く、「ただいまぁ」と玄関から上がり居間に入ると、そこらじゅうに伯母から貰ったお土産物がぶちまけたように散らかっていました。

びっくりしていたら、その時電話が掛かってきて父が受話器を取り、数分間話してから、ほらお前も出ろ、伯母さんからだと電話を替わるように言われました。

「お母さんから電話が来たみたいで折り返し掛けたら、あんたの家にも電話するようにって言われたの。人形の顔が溶けたとか変わったとか言ってたけど、もしかして、人形の顔を壊して直そうとして変にしちゃった？　別にあたし気にしてないから。それでね、さっき起きるまで楽しい夢を見てた。旅に行って、お土産を選んで、あんたたち家族に渡す夢。今はベッドから動くのもやっとで、病院の窓と廊下だけの世界で、トイレに行くのも大変でしょ。あの時が一番楽しかった――」

十円玉がもう無くなるからと言って、伯母からの電話は切れました。

しばらくすると夕食の準備の買い物を終えた母が帰って来て、散らかった伯母からのお土産物を家族全員で片づけました。

どうしてそんな風に散らかったのかと、そういう疑問は誰も口にしませんでした。

祖母はそれから二年後、布団の中で眠ったまま亡くなりました。

穏やかな死に顔で、布団の中であのぬるんとしたのっぺらぼう顔の日本人形と一緒に寝ていました。

伯母はずっと療養中で、祖母の葬儀には来られませんでした。

でも、「亡くなる前日に子供になって、お母さんの布団に潜り込んで楽しい話をしてもらったり、子守歌をうたってもらった夢を見た。懐かしかったなあ」と電話で母に伝え、その翌年に亡くなりました。

山田さんが言うには、「あの人形は伯母のアバターみたいな存在だったのではないかな」

ということだった。

イライラする

「あれは目のやたら大きい人形で、いつの間にか家にありました」

パソコンの画面越しに見る、Ｙ子さんはとても怒っているようだった。

誰かからプレゼントされた物なのか、親が買って置いていたのかも分からない。

その人形が、凄く不快で、視界に入るのも嫌だ、今も人形の姿を思い返すだけで怒りが湧き上がってくる話を聞いて欲しい。

そういう内容のＤＭをＹ子さんからもらったので、先週Ｓｋｙｐｅによる取材を行った。

「赤茶色の髪の毛をくるくるっと巻いて、白いエプロンと水色のワンピースを着た人形が、私の部屋にありました。大きさは三十センチほどだったと思います。黒いビニルで出来た靴を履いていました。

小さい頃から私の部屋にあって、その人形が生理的に嫌で仕方なくて。

あの大きい目が、私のことを馬鹿にしているように見えたからかも知れません。

幼い頃は、なるべくその人形を見ないようにして過ごしていたけれど、大きくなると人形への憎しみが増してきて、何か人形が嫌がるようなことをしてやりたいって気になったんです。

小学生の時、何が原因だったかは忘れてしまったんですが、物凄くイライラしていた日がありました。自分の部屋のベッドに寝ころんで天井を見ていたんですが横になると、人形が視界に入るんです。それで、私はベッドから降りて人形の顔にマジックペンの赤で、落書きしたんです。

そして、あんた凄いブスになったねって人形を指さして言った後に、髪の毛を掴んで振り回しました。そして、髪の毛を掴んだまま、床に人形を何度も打ち付けてやったんです。何度も、何度も。びったん！　びったん！　って。

急に何故そんなことをしたのか分からないんですが、ただその時はそれで少しでもイライラを解消したかったのかも知れません。

嫌いな人形だったし、親からは私の物だって言われていたから。自分の持ち物として、好きにしていいんだっていう判断があったと思います。

それからガムテープでぐるぐる巻きにして、空き箱の中に閉じ込めました。後で取り出してガムテープは解いたんですが――」

そこまで言うと急に、

「うわああああああ！」

と、Y子さんが急に叫び始めた。

それから頭を掻きむしり、上下にヘッドバンキングのように髪を振り乱しながら吠えるような声をあげた。

「どうしたんですか？　大丈夫ですか？」

私が声をかけると、はあはあと肩で息をしながら、髪の毛が乱れた姿のままY子さんがうつろな目でこちらを見た。顔に乱れた毛が何本か張り付いている。

「あの人形のことを思い返すだけで、たまにこうなるんです。もう無茶苦茶腹が立って苛立って仕方なくなるんです。ああああああああ！」

Y子さんが今度は机を二、三度バンバンと強く叩いた。

私は「取材は日を改めてまたにしますか？」と言うと、「そうですね、そうした方がいいかもしれません。このままだとパソコン壊してしまいそうだから……」

Y子さんとの取材はその日はこれで終了になった。

翌日、LINEでやりとりした取材によると、Y子さんだけでなく、彼女の家族の誰もがあの人形のことになると、時々普通の会話すら成り立たないくらい激昂してしまうのだという。

そして家族それぞれが、人形を色々な方法で折檻し続けているらしいのだが、誰も捨てようとせず、目につく場所に置き続けているのだという。

人形はかなり乱暴に扱われているのだが、何故かY子さんの子供部屋にあった頃とあまり姿が変わらず、服も乱れていないそうだ。

家族の誰かがこっそりと修繕して綺麗にし続けているのかも知れないとY子さんは言い、このLINEの文章を打つ間も時々、声を荒げ、スマホを何度かクッションの上に投げつけてしまったと言っていた。

「あの人形を思い浮かべるだけでイライラするし、感情がコントロールできなくなるんです。それと、不思議なことに人形に対面させた友達も同じことを言うんです。あの人形のことを言おうとしたり、思い出すと苛立って仕方ないって。どうしてなんでしょうね」

Ｙ子さんから送られてきたＬＩＮＥに、その人形の写真を撮影して送ってくれませんか？　と返信したのだが、未だに返信はない。

彼女にとって、見かけるだけで全身を震わせるほどの怒りを産む人形のようなので、撮影が出来ないのかもしれない。

ひとくい

カメラマン時代の先輩であるタナカ氏が「お前好みの体験をしたぞ」と連絡をくれた。

「俺さ、カミさんの仕事に併せて関西に移住しただろ。え、初耳？　言ってなかったっけ？　引っ越してまもなく十二年になるよ。で、関西の映像制作会社に入社したんだけどな」

数年前——彼は撮影の仕事で、西日本のある村に一ヶ月ほど滞在することになった。

「限界集落を題材にした地方局のドキュメンタリーで、ひと月まるごと村に泊まりこんで撮ることになったんだ。けれど、そんな場所だから旅館なんて一軒もないじゃん。それで、旧家に居候させてもらうことになってね。いわゆる古民家、そのままドラマのロケにでも使えそうな雰囲気のお屋敷だったよ」

その家には、フジコさんという老齢の女性が独りで暮らしていた。

聞けば、ご主人は彼女が五十代のころに他界し、ひとり息子は夫婦でオーストラリアに

移住しているのだという。そんな生活ゆえか、フジコさんはロケ隊の来訪をたいへん喜び「家族が多かった昔を思いだすねえ」と歓待してくれたのだそうだ。

「嬉しかったなあ。俺、早くにオフクロを亡くしたもんで親孝行ができなかったんだよ。だから、なんだか母親にできなかったことを代わりにしているような感覚でさ。それで、番組が放送されたあとも彼女の家を訪ねたんだわ。要は〈バーチャル帰省〉だよな」

〈帰省〉する際は前日にフジコさんへ連絡を入れて——彼いわく「ご馳走や大掃除など、要らぬ気遣いをさせないため」らしい——翌日にふらりと訪ね、「早めに電話をくれたら、いろいろ用意したのに」と怒るフジコさんをなだめて土産を渡し、茶飲み話に明け暮れる。仕事の都合がつくときは仏間に泊めてもらい、朝飯を一緒に食べてから「来年もかならず遊びにくるよ」と約束し、寂しそうなフジコさんを慰めて辞去する。

「毎年変わらないルーチンだったけど楽しかったよ。お前もわかると思うけど、撮影後も交流が続くのってカメラマン冥利に尽きるだろ。被写体と観察者にとどまらない、人間対人間って感じがしてさ。俺、そういうの好きなんだよ」

そんな関係が、いつまでも続くと思っていたんだけどね——。

そこで言葉を止め、タナカ氏は顔を曇らせた。

ある年の夏、彼はいつものようにフジコさんへ電話をかけたのだという。

するとと彼女は挨拶もそこそこに、

「あのね……こんなことをお願いするのは申しわけないんやけど」

人形を持参してほしい——と頼んできたのである。

「どんな安物でも人形ならええき、一体買うてきてほしいのよ。前は街まで行って駅前で購入しとったんやけど、この年齢になると外出もいよいよキツくてねえ」

「お安いご用ですよ」と朗《ほが》らかに答えつつも、タナカ氏は首を捻《ひね》っていた。

フジコさん宅に人形で遊ぶ年齢の子供はいない。そもそも村自体、ドキュメンタリーの撮影対象に選ぶほどの限界集落である。未成年の住民などひとりも存在しない。

だとしたら、なんのために人形など。

「まあ、深くは聞かなかったよ。息子夫婦に送るとか親戚にプレゼントするとか、なにか事情があるんだろうと思ってね。ショッピングモールのおもちゃ屋で女の子向けの人形を買っていったんだけど、フジコさんは〝申しわけないねえ〟と何度も頭を下げてたな」

ところが——。

それ以降、彼女は毎年「また人形をお願いしてもええかね」と懇願するようになった。

一度ならいざ知らず二度三度と続けば、さすがにタナカ氏も理由を知りたくなる。

「それとなく訊いてみたんだけど、そのたび〝手間をかけて悪いねえ〟なんて上手いことはぐらかされるんだよな。おまけに中身を吟味する様子がないんだよ。ある年は男の子が好きな特撮ヒーローの人形を持っていって、その翌年は女児に人気のぬいぐるみを買っていったんだ。あきらかに対象年齢が違うだろ。でも、フジコさんは文句を言わないんだぜ。つまり、誰かに贈ってる可能性は低いわけでさ。そんなの気になっちゃうじゃん」

人形を買い求めるようになって五年目の夏、タナカ氏は意を決して老女に問うた。

この人形はどのような目的で使用されているのか、教えてもらえないか——。

はじめのうち、フジコさんは例年と違わず「苦労させてすまないねえ」と詫びていたが、やがてタナカ氏が引き下がらないのを悟ると、

「あんたにゃ世話んなっとるから、教えてもええやろ」

独りごちるように呟いてから「今夜は就寝が遅くなっても大丈夫か」と訊ねてきた。

「興奮を必死で押し殺して〝もちろんですよ〟と胸を張ったんだけどさ、その後はいつもどおり晩飯を一緒に食って、茶を飲みながらお喋りに興じるばかりでね。だから〝これは適当に誤魔化されたかな〟なんて訝《いぶか》っていたんだよ。ところが……日付が変わった直後」

唐突に、フジコさんの顔から笑みが消えた。

「来たよ」

ひとことだけ漏らして立ちあがると、彼女は縁側に面した障子戸《しょうじ》へ歩み寄り、数センチばかり障子を開けてから無言で手招きをした。

這いつくばるようにして彼女のもとへ近づき、隙間を覗く。

細長い廊下と、色褪せた白木の縁側。その向こうには小ぶりな庭が見えている。

そこに――一匹の獣がいた。

「庭石の上に、べたん、と腹這いで寝そべっていたんだわ。狐のように見えたが、確信は持てなかったな。暗かった所為《せい》もあるけど……狐にしては、異様に顔が長いんだよ。ほら、キャンディーって熱を加えて伸ばすじゃん。あんな感じの、どろりと細い面構えだった」

図鑑でしか見たことはないものの、狐はあんな相貌ではなかったはずだ。

ならば、あの動物はなんだ。そもそも自分は〈人形の使い途《みち》〉について訊いたはずだ。

なのに謎の動物を見せられているのは、いったい如何《いか》なる理由なのだろう。

と、タナカ氏の疑問を予見していたかのように、

「ほれ」

フジコさんが〈狐もどき〉を指した。

「あ」

獣は、人形を咥《くわ》えていた。

数時間前にフジコさんへ手渡したばかりの、有名な着せ替え人形だった。

思わず息を呑んだタナカ氏を嗤《わら》うように、獣が、むっちゃ、むっちゃ、と粘っこい音を立てて人形を噛みしだく。咀嚼《そしゃく》するたび、ビニール製の手足がでたらめに暴れていた。

「あれは、なんですか」

「ひとくい」

間髪を入れずフジコさんが答える。

「……人形、このためだったんですか」

タナカ氏のさらなる問いに、老女はしばらく黙っていたが、

「命が安かった昔はね、人を捧げてたんよ」

答えとも独り言ともつかぬ言葉を口にして、そっと障子を閉じた。

「その夜はそれでおしまい。翌朝に庭を確認したけど、異変は見受けられなかったな」


次の年、タナカ氏は〈帰省〉しなかった。

「まあ、前年の出来事が気になったのもあるけどさ、最大の要因は新型コロナの流行だよ。当時は県内でさえ移動が憚《はばか》られる空気だったからな。自分はもちろん、高齢の村人を感染させるわけにはいかないと思ったんだ」

フジコさんに行けない旨を電話で告げると「せめて、人形だけでも送ってくれんか」と言われたが、結局タナカ氏はその約束を果たせなかった。

「いや、これは弁解になるんだが……コロナで融通が利かないぶん、なにかと忙しくてさ。〝送らなきゃな〟と思っているうちに、気づいたら時間が経ってたんだよ。幸か不幸か、フジコさんからはその後連絡もなかったし……だから、すっかり忘れてたんだよな」

ようやく村を訪れたのは、昨夏のこと。

「今年は行けそうだ」と前日に電話をしたものの、何度かけても繋がらず、心配になってアポも取らぬまま駆けつけたのだという。

「叱られたときのために、人形だけは買っていったよ。まあ……渡せなかったんだけど」

三年ぶりに訪れたフジコさんの家は、半ば廃墟と化していた。

刈り整えられていた庭は雑草で覆われ、古いながらも清潔感のあった外壁は、あちこち剥離して穴が空いている。縁側の雨戸にいたっては、まるで車でも突っこんだかのように屋敷の内側へ折れ砕けていた。

家というのは、わずか三年でこれほど倒壊するものだろうか。

それ以前に、なぜ彼女は不在なのか。どこに行ったのか。

廃屋を眺めて呆然とするうち、たまたま近所の村人が顔を見せた。

「あの、すいません。フジコさんは、どちらへ、どちらへ行かれたんですか」

食い気味で訊ねるタナカ氏に戸惑いつつも、村人は「三年くらい前に、息子さん夫婦のところに引っ越したらしいわ」と教えてくれた。

「深夜、いきなりウチへ挨拶に来よってなあ。〝まあ、おあがりよ〟と言うたんやけど、頑なに玄関から先には入ろうとせんでの。ほんだら次の日には、姿が見えのうなっとった。気にはなったがよ、当時は〝他人と会ってはいかん〟と言われとった最中やろ。だもんで調べようもなくてなあ」

「どこか、どこか変わった様子はありませんでしたか」

納得できぬタナカ氏がなおも食い下がると、村人は腕組みをしたまま数秒考えてから、「なんちゅうか、表情がおかしかったのう」

その発言に、はっとした。

表情がおかしい——つまり、フジコさんは、顔が長くなっていたのではないか。

あの獣のように。

さらに訊ねたいのをぐっと堪え、彼は礼を述べて村をあとにした。

「それ以上訊けるわけないだろう。だって……もしも〝そうだ〟なんて言われたら、俺はどうすればいいんだよ」

タナカ氏の撮影用リュックには、そのときに持参した人形がいまも入っている。
なぜ持っているのかは、自分でもうまく言葉にできないそうだ。

三姉妹

彰宏さんは介護職への転職に成功した。前職は調理師だったが、二八歳のとき、介護士の資格を取得して老人福祉施設に就職し、介護士歴がもう一七年にもなる。

介護職は今後も需要が見込まれ、転職市場での人気が高いが、その一方で、新規に介護の道へ足を踏み入れた者の多くが三ヶ月以内に辞めてしまうそうだ。理由は、早番、日勤、遅番、夜勤の四交替シフト制で心身への負担が大きく、また、職場の人間関係が複雑になりがちだからだとか。

しかし彼はつつがなく経験を積み、半年ほど前に妻の郷里の佐賀県に転居したときも、すぐに働き口が見つかった。

今回の施設は前の職場より大型で高級感のある居住型老人ホーム。現在四五歳の彼は、ここでは最初から責任ある地位に就き、若干だが給料も上がった。当然はりきって働きだしたのだが、間もなく、以前の職場では感じなかった精神的な負担を覚えるようになった。

原因は、誰も見舞いに来ない入所者が思いのほか多いこと。

前の施設にも入所して長いお年寄りがいたが、月一回以上の面会を彼らの家族に課していた。居住型老人ホームで暮らす人々の多くは家族に扶養されている。そこでは訪問を義務づけていたお蔭でスタッフと家族の気心が知れ、入所者の表情も明るかった。アットホームな雰囲気で、手狭で行き届かない面がありつつも、にぎやかで活気があったものだ。

こんどの所は設備が整い、すべてにおいて洗練されていたが、ひっそりとしている。入所者は五十人弱で、全員が個室を割り当てられていた。室内はホテルのようなモダンな造りで、月々の利用料も安くはない。家族は総じて裕福だ。

しかし、スタッフと利用者自身の他は誰も出入りしない部屋が珍しくない。いったん閉じるとなかなか開かないドアが廊下に並んで沈黙している景色に慣れるまで、彼はしばらく時間を要した。端然とした美しい建物であるだけに、静寂を冷たく感じた。

もちろん、ここの老人たち全員が家族と疎遠になっているというわけではない。それにまた、訪問客があれば良いというものでもないだろう。

三階の角部屋にいる八三歳の寿美子さんには、二、三ヶ月に一回の割で娘さんと思しき六十代の女性が訪ねてくるが、この娘さんは、常に取りつく島がない不機嫌な仏頂面で、介護士が話しかけても木で鼻を括《くく》ったような返事しかよこさなかった。

母に対しても不愛想きわまりなく、そのためか、寿美子さんは不自由なく暮らしているけれど、いつも寂しそうで……日がな一日、三体の人形に話しかけていた。

「あの人形たち、寿美子さんがここに来た五年前より倍も髪が長くなっているんだって！」

口さがない古参の同僚が、そんな噂を彰宏さんの耳に吹き込んだのは、彼がこのホームに勤務しだして間もない頃のことだった。

まさか、そんなはずはない、と彼は思った。

件の人形たちの髪は黒いナイロン製で、伸びるわけがなかった。三体とも真っ黒な髪が背中を半ば覆っていたが、元からこの長さだったと考えるべきだ。尚、もつれていたことは一度もない。寿美子さんがしょっちゅう丁寧に櫛《くし》けずっているからだ。

だいぶ古そうなものの工業製品に違いなく、まるで三つ子のようにそっくりな人形たちである。ヘッドや手足はこんがり日焼けしたような薄茶色の塩化ビニール製で、大きさは全長三〇センチ以上と、人間の新生児ぐらい。デザインが古臭くはあっても愛くるしい少女の顔をして、色褪せたハイビスカス柄のワンピースを着ている。このワンピースの色柄だけがそれぞれ異なった。

ある同僚は「そっくりな人形をハワイで見たことがある」と言っていた。

「寿美子さんはハワイ生まれで、戦後も二十歳まであっちに住んでいたそうだよ。だから、あれは間違いなくハワイ土産だろうね」

それを聞いて、そういうことならば寿美子さんは、故郷に里帰りした折に懐かしいロコガールの人形を現地で買い求めたのだろう、と、彰宏さんは想像した。

人形に話しかけるぐらいのことは、いくらでも看過《かんか》できた。寿美子さんはバイリンガルで、人形相手の独り言に時折、英語が混ざった。……ハワイ育ちと知って合点がいった。

同僚たちは彼女のことを気味悪がっていたが、彰宏さんとしては、個性的で、ちょっと不思議なお婆さんだとしか感じなかった。意思の疎通に不自由はなく、高齢なりに健康な彼女は、利用者の中でも手が掛からないほうだ。

だから何も問題ないと彼は思っていた。ごく最近までは。


つい数日前（筆者にインタビューを受ける二日前）のことである。

その日、彰宏さんは夜勤で、利用者たちの就寝前に出勤した。明朝までのシフトであり、就寝準備や夜間の巡回とおむつ交換を担当するのだ。巡回は二、三時間ごとで、徹夜になる。

利用者たちは夕食を済ませており、寿美子さんについては少し注意する必要があった。というのも、彼女は食事で出されたものを、たびたび自室へ持ち帰っていたのだ。衛生管理上の理由からこうしたことは原則禁止とされており、再三スタッフから彼女へやめるように言っていたが、何度注意しても、皆の目を盗んで、ティッシュやハンカチに包んでパンやライス、おかず類の一部や果物などを食堂から持ち去るのだった。

夜のうちにこっそり食べているに違いなかった。だが、食べ残しが彼女の部屋のゴミ箱から出てきたり、傷んだものを食べて腹を下したりしたことはついぞなく、だから、あえて見て見ぬふりをしている同僚もいた。

しかし彰宏さんは、独りでいるときに食べ物を喉に詰まらせないとも限らないから、しっかり見ておく必要はあると常日頃から考えていた。

そうしたところ、その晩、彼が就寝直前のケアのために寿美子さんの部屋を訪れたら、彼女はたまたま人形に口移しで食べ物を与えている最中だった。

初めは、ベッドに横座りして人形を一体抱きかかえて口づけをしているように見えたが、「あら、見つかっちゃった」と、屈託なく彼に微笑みかけてきた口もとが赤い汁で汚れていた。彼は咄嗟に今週の献立表を思い浮かべた。今日は夕食のデザートに苺が出たはずだ。噛み潰して人形に食べさせていたのであろう、と、すぐに見当がついた。

なんと注意したものか彼が考える間に、「もうお食事はお終いよ」と彼女は人形たちに話しかけた。抱いていた一体を枕もとに座らせた二体の横に並べて、着ていたガウンの膝に敷いていたハンカチを手に取ると、優雅な手つきで人形たちの口もとを拭いはじめる。最後に自分の口を拭いて折り畳むと、そのハンカチを悪びれずにこちらに差し出した。

「これ、そこのランドリーボックスに入れておいてくださる？　明日お洗濯に出すから」

「……食堂で召し上がっていただかないと困りますね」と彼はようやく苦言を述べた。

「ええ、ええ。今日も私は食堂で美味しくご飯をいただきました。でも、この子たちだって、お腹を空かしてしまうでしょ？　小さな苺をたった三粒、分けてあげただけよ」

三粒の苺は跡形もなかった。ガウンを脱がせたときに、もしやと思ってポケットの中も確かめたが欠片《かけら》も入っておらず、ゴミ箱やベッドの周辺からも発見できなかった。

――人形に与えているつもりで、寿美子さんは自分で食べているのだ。

うっすらと寒気を覚えつつ、そうに違いないと彼は思おうとした。

ベッドに横たわらせて蒲団を掛けると、寿美子さんはフフッと笑いかけてきて「見つかっちゃったわね」と、また言った。

「本当はダメなんですよ。規則ですから」と彼は応えた。

「しょうがないでしょう？　この子たちはハワイ生まれなの。私と同じ」

言うことに前後の脈略がないが、軽い認知症のお年寄りには、ありがちなことである。

「私が五歳のときに日本が戦争に負けて、私はそれからとっても苦労したの。他人様には言えないようなことまでして生き延びて……ティーネイジャーのときに赤ちゃんを三人も産んだ。三人とも可愛い女の子。でも、みんな小さなうちに病気で亡くなって……身一つで日本に来て結婚して……ハワイ航路で帰ったのはいつだったかしら？……また出逢えるって信じてた……本物の私のベイビーズ……」

言葉が途切れると同時に、皺《しわ》ばんだ瞼《まぶた》が下りた。眠りに落ちたのだ。

消灯して廊下に出ながら、見舞いに来る寿美子さんの娘は「本物の私のベイビー」ではないのだと彼は直感していた。おそらく、あの人は彼女の夫の連れ子だったのだ。

血の繋がらない継母の面倒を見ているのだとしたら、冷淡な態度にも納得が行こうというものだ。

寿美子さんの人形は、乳幼児の頃に死んだ実の娘たちの代わりなのだろう。

――お気の毒なことだ。彼女も、お見舞いに来る娘さんも、亡くなった子たちも。

深夜零時の巡回の時刻になり、寿美子さんの部屋へ行くと、閉ざされたドアの向こうから低い声が漏れ伝わってきた。静かにドアを開けると、灯りを落とした室内の闇を貫いて、その声がはっきりと聞こえてきた。

英語で何か会話している。言葉の意味はわからなかったものの、歳相応にしわがれた寿美子さんの声に半ば被さって、舌足らずの高い声が彼女に応えるのがわかった。

「アイライキッ（I liked it）」

続けて、クスクスと、二、三人の幼い女の子が笑いさざめく声が。

背筋に冷たいものを感じたが、声の正体を確かめないわけにはいかず、彼は、手にしていたペンライトの光を寿美子さんのベッドの方へ向けた。

小さな光の円が枕もとを照らす――と、彼の方から見て横向きに、ベッドのヘッドボードに背中を預けてお座りさせられた三体の人形が、一斉にこちらを振り向いた。

人形たちの動きに一瞬遅れて、寿美子さんが枕の上でゆっくりと頭を巡らせて、彼の方を見ようとしているのがわかった。

彼女と目を合わせることなく、彼は声も上げずに後退りしてドアを閉めた。

閉じたドアを睨みつけながら、気づけば肩で息をしていた。

今目撃した景色を頭の中で反芻《はんすう》しようとしたが、まるで思考がまとまらない。

人形が、動いた？

それはあってはならないことだ。声も、聞こえたはずがない。小さな女の子たちが語らい、笑い交わしているようだったが、寿美子さんと人形しかいなかったのだから。

こんな奇怪な経験は初めてだ。そう思うと、就寝前に寿美子さんに言われた「見つかっちゃったわね」というセリフが意味ありげに脳裏を過ぎった。

――ふつうの人形ではないことがバレてしまったから、もう正体を隠す必要がない、とでもいうのだろうか？

次の巡回時刻を彼は恐れた。こんどは午前三時だ。また何か起きそうな気がした。

はたして、問題の刻《とき》が廻ってきた。

階段で三階に上がってくると、まず彼は、寿美子さんの部屋がある右側の廊下の奥を恐るおそるペンライトで照らしてみた。

さきほどの三体の人形が、こちらを向いて横一列になり、廊下に立っていた。

それぞれ色柄の違う南国風のワンピース。同じ背丈に同じ塩化ビニール製の顔、同じ長い黒髪。平凡な子ども用の抱き人形であり、ハワイ土産と聞かされれば、今でも似たような品物が彼の地では売られているだろう。さほど高価な玩具とは思われないのだが。

三体とも、気をつけの姿勢から、緩慢かつ滑らかな動きで、腰を折っていくではないか。

彼女らは、深々とお辞儀をした。

彰宏さんはすっかり気を呑まれて釣り込まれ、人形たちに向かって頭を下げ返した。

そしてクルッと左のほうを向いて、人形たちを尻目に早足に廊下を遠ざかった。

寿美子さんの部屋をいちばん後回しにすることにしたのである。それ以外にどう対処したらいいか思いつかなかった。

三階だけで二〇人が入所している。左のいちばん奥の部屋から始めて、次第に右へ、寿美子さんと人形たちの部屋のほうへ、じりじり近づいていく――。

寿美子さんに会うのを先延ばしするために、このとき彼は、ことさら丁寧に利用者たちの世話を焼いた。やがて、とうとう残すは彼女の部屋ばかりとなった。

戻ってきたとき、人形たちの姿は廊下に無かった。

暗闇の隅々までペンライトの明かりで掻き混ぜて、異常がないことを確認した後、彼は意を決して、彼女の部屋のドアを開けた。

三体とも、寿美子さんと一緒に蒲団に入っていた。寿美子さんの蒼白い瞼は閉ざされていたが、人形らの眼は永遠に瞑《つぶ》らない、塩化ビニールの表面に描かれたものである。

ベッドに近づくと、ぱっちりしたつぶらな瞳が三対、彼を見上げていた。平面的なイラストの目だ。ちんまりした鼻や丸い頬も、どうということはない人形のそれである。

ただ、人形はどれも、唇の隙間から歯並びの良い前歯を覗かせていた。

真っ白に濡れ光る歯列を三体が一様に晒して、揃って満面の笑みを浮かべていたのだ。

いかにも苺を頬張りそうな口だった。鼻先を寄せれば甘酸っぱい匂いが漂ってきそうな。

彰宏さんは悲鳴を噛み殺し、震える足で、寿美子さんの部屋から逃れ出た。

翌朝、起床時間に訪ねたときには、人形たちの唇は閉じていた。すべて幻だったとは思えず、誰かに打ち明けたかったのだ、と彼は言う。

公園

M君が、学生時代の話である。

その日、サークルの歓迎会を終えた彼は、千鳥足で帰り道を歩いていたのだという。

やがて、住宅街の片隅にある小さな児童公園に差しかかった。

自宅までは公園を横切ったほうが近いのだが、いつのころからか夜七時を過ぎると公園の入口はステンレスの大きな扉で施錠されてしまい、侵入できないようになっていた。

ここを抜けられたら楽なんだがなあ。M君がひとりぼやいていると、きい、きいという金属音が耳に届いた。どうやら、音の在り処は公園のようだ。

時間はまもなく日が変わるころあいである。

こんな遅くに誰だろう。もしかして、カップルでも忍びこんでいるのかな。

好奇心に負けて、彼は道路と公園を隔てる柵ごしになかを覗いたのだという。

弧を描いて、ブランコが揺れていた。

ブランコの台座部分に、小さなかたまりが置かれている。

日本人形だった。

空を見つめるように仰向けに横たわる人形を乗せて、ブランコは揺れ続けている。

やがて、ブランコの動きがだんだん激しくなりはじめた。なのに人形は落ちるどころか、ぴくりとも動かない。

酔いも手伝ってか、怖さより「珍しいモノを見た」という興奮が勝ち、目の前の奇妙な光景をしばらく眺めていたM君──ふいに、気がついた。

人形のバランスが合っていない。

頭部が体の倍近くもある。まるで首だけをすげ替えたかのようだ。

髪も妙だった。あまりに長すぎる。

艶やかな黒髪が特徴とはいえ、足先までだらんと髪の伸びた日本人形など聞いたことがない。

指もおかしい。日本人形は本来、幼い童女を模したものであるから、手の造りもふっくらと丸みを帯びていたように思う。

ならばブランコで揺れている人形の、異様に細長い指は、いったいなんなのか。

「変だ」

思わず、口をついて言葉が漏れる。

きい。

それまで乱暴な勢いで揺れていたブランコが、止まった。

一斉にあたりから音が消える。静寂が訪れる。

そのとき、初めて怖くなった。

ゆっくりと後ずさりで、逃げようとした瞬間。

寝転がっていた人形が、がくがくがくがくと震えながら大きな頭を持ちあげたかと思うとブランコからぴょんと飛び降りて、こちらへ走ってきた。

「あしょんでぇぇ」

か細い声が迫ってくる。

叫びながら逃げた。

自宅に戻るのも怖くて、コンビニに飛びこみ一夜を明かした。

ずいぶんあとになってから、あの公園の裏手に寺があると母親から聞いた。

人形供養で知られる寺だった。

こびと人気

学生のNさんから聞いた話。

お父さんの妹ということだから、叔母さんにあたる人になるが、その家に泊まることになった。

叔母さんには盆や正月に会うことはあった。また、娘が三人おり、Nさんからするといとこになるのだが、良く遊ぶような仲だった。しかし、大変へんぴなところに住んでおられるので、家に行くことはそれまでなかったそうだ。Nさんも大学生になったので一人旅もできるだろうということで旅行もかねてでかけることになったのだ。

その叔母さんは、大の人形好きで、コレクターでもあった。

高価なものは保管室や展示室をつくって大事にしているのだが、それ以外にも家中にぬいぐるみも含めて人形が沢山ある。さすがに娘の部屋までは勝手には飾りはしなかったが、次女が東京の大学に行っており、卒業後に帰ってくるかもしれないとそのままにしてある

部屋があるのだが、そこは好き勝手にディスプレイしていた。Nさんが泊まるのはその部屋だった。

市松人形やビスクドールのようなリアルな人形はちょっと不気味でハードルが高いのだが、幸いなことに次女の部屋に飾ってあるのは可愛い布製の人形、いわば、ぬいぐるみたいなものばかりだった。不気味ではなく可愛くはあるのだけれど、部屋奥の箪笥の上だとか、机の上、ベッドのヘッドボードにも人形は飾ってあり、なんだか囲まれている感じがする。

ベッドに入ってもなんだか落ち着かない。単純にベッドが変わったというのもあったかもしれないが、なかなか寝付けなかった。それでも、長旅の疲れがでたのか、いつしか寝入った。

と、気付くと、体を縛り付けられていた。ちょうど、ガリバーみたいな感じだったという。縄でベッドごとくくられているようなのだ。

頭を巡らせて周囲を見てみると、青黒い小さな男たちが薄笑いを浮かべてNさんを覗き込んでいた。彼らは頭だけが大人と同じくらいで、体は幼児のように小さい。そんな〝小人〟たちが自分を囲んでいる。

手には棒状のものを持っているようで、それでなにかされるんじゃないかと不安になる。

まだ、そのきっかけがなくて、攻撃が始まらない、でも、きっかけさえあれば、なにかされそう、そんな緊張感があるのだ。

突然、電子音が流れた。それは目覚まし時計の音だった。

部屋が明るい。小人たちもいない。

夢だったのだ。

なんだ、人形に囲まれているからあんな変な夢をみたのだな、とベッドから降りようとして、Nさんは凍り付いた。箪笥の上や机の上にあった人形が全て、ベッドのわきにずらっと並んで自分を見上げていたのだ。それにはギョッとしたが、すぐにいとこがいたずらしたのだと気付いた。

それで部屋を出ようとしたが、ドアノブに手をかけてその手が止まった。内側から鍵がかかっている。昨日、自分でかけたそのままの状態なのだ。しかし、いとこは合い鍵を持っていて、それで部屋に入ってきて、イタズラをし、また外から鍵をかけたのかもしれないと思い直し、廊下にでた。トーストの良い香りがしていた。

キッチンへ行くと、叔母さんと、いとこの長女と三女が朝食の用意をしていた。ベッドの周りに人形を並べたことをなじろうと口を開いた瞬間、むこうから声をかけられた。

「あなた、しょーもないイタズラしたでしょ」

何を言われているのかわからなかったが、きょとんとするNさんの手を引いて、長女はまた廊下を戻っていった。さっきの次女の部屋を通り越して、隣の応接間のドアを開けた。

〃しょーもないイタズラ〃の意味がすぐに分かった。

右の壁際に置かれたケースの中の人形がみんな背を向けているのだ。

「夜中にこっそり起きて、これをやったの？」と長女は笑っている。

もちろん、Nさんにはそんなことをした記憶がない。すぐに否定し、逆に自分の身に起こったことを見せようと、次女の部屋へと長女の手を引いた。

ベッドを囲むように並べられた人形へ長女は驚いた目を向けている。

叔母さんと三女もやってきて唖然としてその光景を眺めている。

長女は、隣の応接間の背を向けた人形たちはみな、実はNさんの寝ていたベッドに顔を向けていることに気付いた。

誰もが人形を並べ替えていない。そして、その人形たちはみなNさんを囲むようにしている。

叔母さんは、これまで沢山の人形に囲まれて暮らしているけれど、こういうことは初めてだ、Nさんが何かを連れてきたのではないかと不気味がった。

逆にNさんは、これまでこんなことはなかったし、あの小人に囲まれる夢も含めて、心当たりがない。だから、人形に問題があるんじゃないかと主張した。しかし、言い合いしても、また、冷静に考えても答えは出ない。ただ、Nさんはその晩は、長女の部屋で一緒に寝ることにした。それで様子をみることになった。

気を取り直して、Nさんは観光にでた。それから帰ってくると夕方だった。その足で、近所のコンビニに三女と出かけた。

そのコンビニは妙に臭かった。

原因がすぐに特定出来た。一目でホームレスとわかる男が、陳列棚の前でぶつぶつ言いながら菓子パンを物色していた。髪がよれて束になっている。顔は何かで黒くなって、地肌が見えない。服は何日も洗っていないことが明らかにわかる。

Nさんはここではホームレスは珍しくないのかと三女に訊いた。三女はこんなことは初めてだ、今日は初めてな事ばかりだと言う。そうやってひそひそと話をしていたつもりだったが、そのホームレスが機敏な動きでNさんに顔を向けた。

聞こえるわけないと思ったのに、怒った顔をしてNさんの方に進んできた。

Nさんは逃げようと三女の手を引っ張ったが、三女は恐怖で足が竦《すく》んで固まっている。

すぐにホームレスはNさんの目の前までやってきた。

なにかされる！　とNさんは身を竦めた。

「小人に人気あるからって、調子にのんなよ」

ホームレスはそれだけを吐き捨ててコンビニを出て行った。

その晩、Nさんが人形に囲まれることはなかった。

損傷

主婦のCさんはその日、部屋の掃除をおこなっていた。

掃除機をかけ、床を磨き、いよいよ窓拭きに取りかかろうとしたその矢先、彼女は娘の大事にしていた熊のぬいぐるみを、うっかり踏んでしまった。

慌てて足をどけたが、ボタンで作られた右目には亀裂が入っている。割れた目が、ぶら、ぶら、と揺れるさまは、なんとも無残なものであったという。

よちよち歩きのころから今に至るまで、娘がいちばん大切にしていたぬいぐるみである。

帰ってきたら悲しむだろうな。悪いことをしたな。

申しわけなさで掃除を中断していると、電話が鳴った。

受話器を取るやいなや、慌てた口調で娘の担任が喋りはじめる。

娘が自ら鉛筆を右目に突き刺し、病院に運ばれたという報せだった。

「それから現在にいたるまで右目は回復しないまま。ただ私、そのときの記憶がさっぱり

ないんですよ」

そう言って笑うと、Cさんの隣に座っている娘さんはやや濁った右目を強調するようにアカンベーの仕草を私に見せた。

ぬいぐるみは、遠縁の神主が「悪いことは言わないから近くに置かないほうが良い」と言って持ち去ったきり、その後の行方はわからない。

透明人形

この話をしてくれたHさんという方のご近所に、Kさんというご夫婦がいた。

子供がおらず、休日は二人で出かける姿をよく見かけたという。

近所では、とても仲の良い夫婦と言われていた。いわば、〝おしどり夫婦〟だ。

そうやって、ずっと一緒に暮らしてきた奥さんだが、実は陰で男を作っていて、旦那さんの定年と同時に離婚して、退職金の〝分け前〟を手にするとさっさとどこかへ行ってしまった。

Kさんは、奥さんを信じきっていたようだ。奥さんのために一生懸命働いていたのだろう。そんな裏切りに遭ってひどく落ち込んだ。

わしにはなにもない、どうでもええねん、という感じに無気力になってしまったという。

家のドアの前に座って、惚けたような、力ない目で漫然と、どこを見るでもなく視線を漂わせて、ひなたぼっこといえば聞こえは良いが、ただ時間を潰す毎日に見えたそうだ。

ちゃんと食べていないのか、どんどん痩せていく。それで、ご飯を誘ったりする人もいたがKさんは断る。作りすぎたオカズだからと持っていくと、これは食べるようで、ちゃんと受け取った。それからは幾分やつれはましになってきた。食器も洗って返すくらいには社会性も維持している。

ただ、殆どの時間、あいかわらず玄関先でぼうっとしている毎日だった。

そんな変わらない日々に変化が起きた。あるときから、赤ん坊を抱いてあやすようなKさんの姿が目撃されだしたのだ。

近くによると、嬉しそうに顔を上げて、

「この人形と話していると、幸せやねん」

と、言うのだが、そこには何もない。赤ん坊どころか人形すらないのだ。

もう、なんだか気の毒でそれを指摘できなかったという。

しかし、Kさんは周りのことは気にせず、〝ない人形〟を撫でながら、それに話しかけていた。

その話している内容に注意してみると、

「ぼくが凄い熱を出したときや。かたいものは食べられへんから、リンゴをおろしてくれたやろ。あれは甘かったわ。あんな甘いリンゴはあのあとも食べたことがない。ああ、お

などと、おそらく奥さんとの思い出なのだろう、聞いていてこちらが切なくなるようなことを言っている。

迷惑になるような行為ではないので、みな、Kさんの気の済むようにと見守っていた。

あるとき、KさんはHさんの姿が目にとまったらしく、手招きした。珍しいことなので、近寄っていくと、

「なあなあ、この人形を触ってみ?」

と言われたそうだ。

勿論、人形などない。だから、何を撫でて良いのかわからない。どうしようかと思ったのだが、話を合わせてあげようと、何もないところを触るふりをした。

Kさんが顔を見上げる。

問われているのだろうと気付いて、Hさんは「か、可愛らしいなあ」と笑顔で返した。が、おそらく、自分でも顔が引きつっているのがわかったという。

そんな気まずさを感じる中、突然、右の手首をとんとん、と叩かれたそうだ。Kさんがしたのではない。そんな大人の手ではなく、もっと小さな指先だ。

その小さな指は、肉と言うよりももっと無機質な感触なのだが、形状はあきらかに指な

のだ。見えない〝四つの棒〟に触れられたという感触なのだが、その大きさと幅から手を想像させる。もう、人形に触れられたとしか思えない。それでHさんはゾッとした。

しかし、もちろん、人形はないし、そばには子供などいない。そもそも、そんな手の大きさだと乳児であり、そうやって叩くなど出来ない。

Hさんは訳がわからず、動揺してしまった。そこへKさんは、

「俺が可哀想か？　自分は、俺よりましやと思てるんやろ？」と、上目遣いに睨んだ。

Hさんはドキッとして、「いいや、そんなことあれへん」とは言えず、「すんません」と、その場を後にしたそうだ。

それからは、もうKさんに声をかけるのはやめようと思ったという。

それで、Kさんとは疎遠になっていたが、しばらくして、町内で葬儀があった。Kさんの葬儀だった。

Kさんは家のリビングにあるソファに座ったままで亡くなっていたそうだ。死因は〝心不全〟というから、不明というのと変わらない。

最近、Kさんの姿を見かけないので、心配になって入った人が、第一発見者だという。

その人が言うには、Kさんの顔中に、小さな小さな手形があったそうだ。

それは痣なのだろうが、はっきりとした指の形が確認でき、手のようにしか見えない。
そんな赤黒い〝しみ〟が無数についていたのだという。
ただ、Kさんのその顔は、とても嬉しそうに笑っていたのだそうだ。

腐り人形

美和子さんがその臭いに気づいたのは、二月に入って間もない頃である。

夫の隆志さんが九州へ出張し、四歳になる娘の愛梨ちゃんと二人きりの夜であった。

母親と二人きりの状況に落ち着かない様子だった愛梨ちゃんは、三冊目の絵本でようやく眠りについた。

美和子さんは、そっと娘の部屋から抜け出した。

映画でもレンタルしたいところだが、寝ている娘を置いて出かけるのは避けたい。

豆から挽いた珈琲と大好きな作家の本を用意して、炬燵《こたつ》と仲良くなることにした。

何ページか読み進めた時、珈琲の香りを遮って異臭が漂ってきた。

微かだが、まとわりついて離れない。

今までに嗅いだことのない臭いだ。

美和子さんは犬のように鼻で方角を探った。どうやら隣の部屋からである。

襖をそっと開け、頭だけを突っ込む。

微かな臭いが明瞭になった。間違いなくこの部屋である。

だが、場所を特定するには暗すぎる。できれば娘を起こしたくない。

一晩だけ我慢しようと自分に言い聞かせ、美和子さんは読書に戻った。

翌日。隆志さんは帰宅早々、顔をしかめた。

「何か妙な臭いしないか」

昨晩からだと打ち明けると、隆志さんは早速調べ始めた。

「君は愛梨を連れて買い物にでも行ってきなよ」

夕食の材料を揃えて帰宅した時には、既に原因が判明していた。

「これだ。間違いない」

そう言って差し出したナイロン袋に入っていたのは、一体の人形である。

つい数日前、隆志さんの叔母の家を訪ねた際、貰ってきたものだ。

美和子さんは袋を少し開け、鼻をあててみた。

確かにこれだ。なんとも表現し難いが、強いていえば腐敗臭である。

叔母は趣味で世界各国の人形を集めていた。人形の家などと称する部屋があるぐらいだ。

本人いわく、今現在で六十二体。全てがガラスケースに展示されている。

そのうちの一つを愛梨ちゃんがいたく気に入り、ケースの前から動こうとしなかったのだ。叔母は喜んでその場でプレゼントしてくれた。

それが臭う。

ガラスケースに入れていた時は勿論だが、プレゼントされた時も木箱に入れられていたため、分からなかったのも無理はなかった。

捨ててしまうわけにもいかない。美和子さんは隆志さんと相談し、叔母の元へ返すことにした。

娘も共に連れていき、帰りに何か他の人形を買い与えて納得させようと結論が出た。

幸い、翌日は日曜日である。

家にいてくれるように電話で頼むと、叔母は快く承知してくれた。

けれど、返すにしても、臭いからとは言いにくい。

「人形さんが寂しがっているから返してあげて」

娘がそう言って頼んだことにしようと決める。

到着すると、叔母は満面の笑みを浮かべて出迎えてくれた。

「今、シフォンケーキを焼いていたのよ。愛梨ちゃん、好きでしょ」

渡りに船の言葉である。歓声をあげる娘を夫に任せ、美和子さんは人形を入れた鞄を持ち、そっとその場を離れた。台所に戻った叔母を追いかけ、用意してあった理由を告げる。

それを聞いた叔母は、なんて優しい娘だろうと言って目を潤ませた。

美和子さんは曖昧な笑顔を返し、人形を戻す役目を引き受けて部屋に向かった。

人形たちは、相変わらず綺麗に展示されている。

空いているガラスケースに戻す時、美和子さんは余計な好奇心を持ってしまった。

他の人形はどうなんだろう。というか、そもそも何が臭うのだろう。

手にした人形を改めて見つめる。

ビスクドールと呼ばれる種類の西洋人形だ。

叔母は三人姉妹である。叔母曰く、一番下の妹さんは心の病で長い間引きこもっているそうだ。

滅多に人前に出ない為、美和子さんは会ったことがない。

その妹さんの手作りらしい。

始めたのはここ最近だが、人並み外れた集中力で次から次へと作り続け、今ではこの部屋の人形の半分以上を占めるという。自分の家に置ききれないほど作らなくてもいいのにねと叔母は笑っていた。

頭部は陶器製であり、臭うはずがない。

手足も着せてあるドレスも布製であり、腐敗するような材質ではない。

では中身か。

美和子さんは人形のドレスを捲ってみた。

途端に例の臭いが濃度を増す。

人形の背中に雑な縫い目があった。長さ五センチほどのそれは、まるで手術痕のようだ。はみ出した糸を引っ張ると、ぶちぶちと音を立てて切れた。縫い目を左右に広げるとより一層、臭いが強くなった。

中に何か白いものが見える。紙片のようだ。

破れないようにそっと取り出し、広げる。

そこには筆圧の強い文字が刻み込むように書かれてあった。


死ね死ね死ね死ね死ね死ね死ね死ね死ね死ね死ね

美和子さんは、震える指先で紙片を畳んで人形に戻し、ドレスも元通りにした。

自分の顔が引きつっているのが分かる。

ガラスケースに人形を入れ、臭いが遮断されて少しだけ気持ちが落ち着いた。
余計な詮索は止めて、さっさと帰るのが最良の選択である。
にもかかわらず、美和子さんは己の好奇心に打ち勝つことができなかった。
似たようなビスクドールに近づき、そっとガラスケースを開けた。
同じ臭いが溢れ出てくる。
止めよう、これ以上は止めた方がいい。
理性はそう叫んでいるのだが、手は人形を取り出していた。
そっとドレスを捲る。
この人形も手術痕があった。糸を引きちぎり、確認する。
やはり紙片が入っている。書いてある文字も一緒だ。
三体調べ、三体とも同じであった。
居間に戻ると、娘が夢中でケーキを食べていた。
その姿を夫と叔母が優しく見守っている。
穏やかで平和な光景だ。
先程見た文字が頭に浮かび、美和子さんは吐きそうになった。

それからずっと、叔母の家から足が遠のいてしまった。

人形に仕込まれていた紙片のことを切り出せないまま半年が過ぎた頃、叔母の入院を知った。

入院して僅か三日で叔母は逝ってしまった。

内臓が腐っていたらしい。

通夜の席で、美和子さんは初めて叔母の妹に紹介された。心の病ということだったが、全く正常に見える。

「この人形たち、姉が大好きだったのよ」

微笑みながら、妹は叔母の枕元にあの人形を並べた。

その時は全く臭わなかったという。

人形のうち何体かは、叔母と共に埋葬された。

妹は今も人形を作り続けている。

今度は、もう一人の姉に送りつけているそうだ。

肥像

Tさんが勤務していたのは、地方都市の事務機器販売会社である。

社員は総勢十二名。およそ半数が契約社員で、ゆえに入れ替わりも激しかったという。

短くて三ヶ月、長い人間でも一年で職場を去る。結果、正社員のTさんはいつのまにか古参のひとりになっていた。

「そんな古株だから気がついたんでしょうけど……ウチの会社、変なんです」

彼女の会社には、入れ替わりの激しさと並んでもうひとつの特徴があった。

従業員がみな、肥《ふと》っているのだ。

社長は腹がベルトを跨《また》ぐほどの肥満体であったし、部長や課長もおしなべて恰幅が良い。

他の社員も似たようなもので、性別や年齢、役職に関係なく、ほぼ全員がメタボリックな体系の持ち主であったそうだ。

「しかも、入社のときは痩せていた人も日を追うごとにあれよあれよと横幅が広くなって、

いつのまにかお相撲さんみたいになるの。社内の空気に油脂分でも混ざっているんじゃないのって噂してました」

かくいう彼女も、オペラ歌手さながらの堂々たる体躯《たいく》をしている。彼女の言葉を信じるなら、入社時にはモデルのような容姿であったというのだが。

「本当なんですから。おかげで私、恥ずかしくて同窓会を毎回欠席してるんですよ」

まあ、これだけであれば怪現象でもなんでもない。暑苦しい会社がありました、で話は終わる。

状況が一変したのは半年ほど前、オフィスの移転が決まってからである。

彼女の会社は、築四十年以上という古い貸しビルに入っていた。

しかし老朽化が進み、とうとう取り壊すことになってしまったのだという。

「決定がけっこう急だったんで、新しい物件探しから名刺や書類の刷り直し、得意先への連絡と慌ただしかったんです。だから、引っ越しの準備なんてほとんどしてなくて」

準備をしていなくとも時間は容赦なく過ぎていく。気づけば、立ち退き期日は翌週まで迫っていた。

本来なら「餅は餅屋」の諺《ことわざ》に倣《なら》い、専門業者に作業を依頼するのが合理的な判断である。

だが、社長はそのように考えなかったらしい。

「自分たちで引っ越しすれば経費削減になるだろう」

鶴の一声で、彼らは通常業務が終わった夕方から梱包作業に追われることとなった。

「もう最悪。このままじゃ痩せ死ぬよ、って全員嘆きながら段ボールの山と格闘していて。〝アレ〟を見つけたのは、そんな最中でした」


深夜、ぐったりしながら書類の山を段ボールに詰めていたTさんへ、若手の男性社員がおそるおそる声をかけてきた。

「あの……変なものが物置にあるんですけど、どうしたらいいスかね」

「変なものって、なに」

腰を叩きながら立ちあがり、若手社員に訊ねる。だが彼は「金の、人ですかね」などと、もごもご言うばかりでどうにも要領を得ない。

苛立って、若手社員を置き去りにしたまま物置がわりのボイラー室へと赴いた。

「私たちとおなじ階に、ボイラー室があったんですよ。ほうぼうが水漏れしているような有様だったんですが、かなり広いので勝手にガラクタや備品を押しこんでいたんですね」

重いドアを開けると、湿気が漂う部屋の中央に小さな木箱が置かれていた。

事務機器や備品の入っている箱とはあきらかに雰囲気が異なっている。一見したかぎり高級な壷でもおさめられていそうな雰囲気だが、社員に骨董や焼き物に興味のある人間はいなかった。

水に侵されたのか湿度にやられたのか木箱は隅が黒く変色しており、箱そのものも若干歪んでいる。両手で抱えると、ずしりと持ち重りがした。

やや躊躇しながら蓋へ手をかける。応えるようにボイラー室のパイプが低く鳴った。

「……なにこれ」

入っていたのは、金色に光る男の像だった。

「七福神に布袋《ほてい》様っていますよね。あんな感じの、ぶくぶくとした男性の人形でした」

でっぷりと突きでた腹、肩へつかんばかりに垂れ下がった耳朶《みみたぶ》、ウインナーを思わせる丸々とした指。まるで、社員の体躯をなぞったような体つきの像であったという。

「……それ、なんなんスか。怖いんですけど」

Tさんを追いかけてボイラー室へ到着した若手社員が、背後から声をかける。

「私にわかるわけないでしょ。でもコレ、そんなに脅えるほど怖いかなあ」

本当はじゅうぶんに怖かったんですけどね、と彼女は笑う。ただ、その時は若手社員の手前、これ以上引っ越し作業が滞るような態度をとるまいと懸命だった。

「Tさん……人形しか見てないでしょ」

若手が呟く。声に促され、人形を再び確かめる。

鎌のような細い目、唇から剥きだしている、異様に小さな歯。

何処か、ぞっとする笑顔だった。

「だから、人形じゃなくて。その箱の、包み紙」

彼は、箱のなかに敷かれた緩衝材代わりの紙を指している。そろそろと人形を持ちあげ箱の内部をたしかめるなり、全身に鳥肌が立った。

ちょうど人形の座っていたあたり、尻の下の部分が真っ赤に染まっている。

「た、多分サビでしょ。この部屋水漏れしてるからさ、腐食した水が垂れたのよ」

不正解を告げるように、うおおん、とパイプが激しく揺れた。こんな夜更けにボイラーが稼働するだろうかとの疑念が頭をよぎる。

箱をそっと床に置いたTさんへ、若手社員がぽつりと零した。

「パイプの水って上から垂れるでしょ。どうして箱の底だけ赤くなるんスか」

返事をしないまま立ちあがったと同時に、箱が勢いよく跳ねた。

限界だった。

突っ張りをかますように若手社員を押しのけて、彼女はボイラー室から飛びだした。

「ああ。アレ、そんなところにあったのかぁ」

翌朝、不気味な人形の存在を告げるなり、社長が二重顎をさすりながら笑った。

「以前、ヨーロッパに暮らす中国系の人と仕事をした時に、親善の印として貰ったんだよ。ブッダだと言っていたから、お釈迦様の像だろ。よく見てないけど」

どうしてそんな大切なものを、あんな物置に放っておいたんですか。Tさんの訴えに、社長が表情を曇らせた。

「その人との取引、こっちの都合で反古にしちゃったんだよね。高い品みたいだったし、捨てるのもどうかなと思って仕舞っておいたんだけど……なんかマズかったかな」

社員一同の怒声を受け、社長は翌週、中華系のお寺へブッダを奉納したそうだ。

「まあ、それだけならば〝気味の悪い人形があったね〟で終わるんでしょうが……続きがあるんですよ」

くだんの人形騒動から間もなく、Tさんは家庭の事情で古巣を離れた。

再訪したのは退社から一年後。顔なじみの社員が結婚すると聞いて、お祝いの品を渡すためにオフィスを訪れたのだという。

痩せていた。

社長はじめ、社員はみな信じられないほどスリムになっていた。

「あの仏像を大切にしたおかげだって社長は笑っていましたけど、納得いかないですよね。どうして進言した私に、そのご利益がないんだって。ホント理不尽な話ですよ」

憤りつつ、Tさんは私の目の前でガムシロップをカフェラテに注いだ。

のちに彼女の元同僚から話をうかがったところ「Tさんは入社時からあの体型でした」という証言を得た事実を、ブッダの名誉のために記しておく次第である。

gさんと人形

「ある人が日本人形を拾うんですけど、その人形が喋るんです」

「それは厭な話ですね。私のは喋らないですけど」

「まあまあ。最後まで聞いて下さい。で、ですね、その人形の喋る内容は単なる無駄話じゃないんですよ。お告げというか予言というか」

「予言？　それって当たるんですか？」

「ええ。凄く当たるんです」

「じゃあ、良いじゃないですか」

「え？　まあ……、そうですね。人形を拾った男はそれで占い師をして儲けるんで、良いと言えば良いんですが、さっき、人形が喋ると厭だとおっしゃったじゃないですか。しかも、喋るだけじゃなくて、その言葉がことごとく本当になるんですよ」

「ああ、そうか。自分の身になって考えると、気持ち悪いですね。いきなり、『お前は明日死ぬ』、なんて言われたらと思うと不安で仕方なくなるでしょうね」

「でしょう。そこまで気が回ったかは知らないですけど、漠然とした不安なら充分に芽生えたかもしれませんね。とにかく、人形を拾った男は、とても怖くなってくるんですよ」

「それで？　その男は、その人形をどうしたんです？」

「そう。その処分方法が、あなたの参考になるんじゃないかと思うんです」

「なるほど！　そういうことですか。で、どうやってその人形から逃げたんです？」

「下手に捨てると祟られそうじゃないですか。しかも、相手は未来が見えるんですよ。捨てるという気持ちを起こしただけで、それに気付いて罰を当てられそうじゃないですか」

「でも、思うだけでは大丈夫だったんでしょ」

「ええ。まあ。その男はまず、物知りの人を訪ねてまわるんですよ。で、知っている人がいたんです。その人形は外法に違いないと正体を言い当てるんですね」

「ゲホウ……ですか」

「ええ。内外の外って『げ』と読みますよね。それに法律の法と書いて外法です。名前からわかるように邪法ですよね。西洋風に言うならば悪魔の技」

「ええ。ますます、ヤバイじゃないですか」

「そう。捨てても簡単に戻ってくるそうですよ。しかも、捨てたことで怒りをかって祟られてしまう」

「でも、結局はその人は捨てるんですよね。そこを早く」

「ええ。その物知りじいさんのアドバイスでは、戸板にその外法人形を載せて川に行けというんですよ。それで、川に浮かせて遊んでやるんです」

「はあ。暢気《のんき》なことを」

「そう。暢気ですよね。でも、却ってそれが良いんです。そうやって油断させるんですよ。軽く遊んでやって、途中から後ろ手に持つんです。浮かせている人形に背を向けるんですね。で、適当なタイミングで戸板から手を放すんです。遊びの一環だよという感じで。捨てるんじゃなくて、そういう遊びだよという芝居を打つんですよ。あとは、後ろを見ずに帰ってくるという……」

「それで？　そんなので大丈夫なんですか。本当に？」

「ええ。実はその人が最初に拾ったときも、その人形は戸板にのって川上から流れてきたんです。多分、前の持ち主もそうしていたんでしょうね」

「いや、そうじゃなくて、その話のソースですよ」

「ああ、そういうことですか。慥《たし》か『耳嚢《みみぶくろ》』ですよ」

「え？　『新耳袋』にそんな話ありましたっけ？」

「じゃなくて、昔の方の『耳嚢』ですよ」

「へーえ」

gさんは私の話に納得したようだった。私が紹介した話は『耳嚢』にあるということには確信があった。しかし、それが実話であるかどうかは確かめようもない。ただ、こういうものは信じている者の中では真実であり、信じればそのようになると思うので、紹介することに後ろめたさはなかった。とはいえ、川に人形を捨てるのは環境破壊になるので、そういう意味での後ろめたさはあった。それで和歌山に人形供養で有名な淡嶋神社というのがあり、そこに持ち込むという選択もあると付け足しておいた。

この流れからおわかりのことかと思うが、gさんはある人形に関する怪異に遭っていて、その人形を捨てたかったというのだ。それで、何か良い知恵はないかと相談されたので、前述のやりとりとなったのだ。

その、gさんの人形の話について以下に記そう。

話はgさんが分娩台にいるところから始まる。

そのときに感じていた痛みは思い出せないけれど、痛がっていたことをgさんは覚えている。

自分の股の間から頭が出てくるのが見えた。出てくる穴は見えないけれど、頭の見える部分が増していっているので、出てきているのだとわかる。

その頭は血塗《ちまみ》れだった。いつかテレビで見た出産シーンを思い出している。あれは大人のやることで自分が行うのはもっとずっと後だと高をくくっていたのに、今、こうして自分の身に起きている。

頭だけではなく、身体も出てきた。一人の人間が自分の中から出てきたのだ。しかも、真っ赤な血を浴びている。それは自分の血のはずなのだけれど、そうではなく、その子の血のように他人事に思える。

そばに看護師さんが付いていた。生まれた我が子の身体を支えてくれている。首の辺りを持っており、gさんに顔を見せようと持ち上げるのが見えた。

無表情だった。

我が子が、である。

ゾッとした。生まれたての赤ちゃんは泣いているものだと思い出したが、そんな理屈ではなく、本能的にゾッとしていた。

我が子は泣くどころか、口を小さく結んでいた。目はぱっちりと開いてこちらを見ていた。とても整った顔だった。まるで人形のようだった。

いや、それは人形だった。赤い着物姿で、長い髪は腰まである。

gさんは日本人形を産んでいたのだ。

異常な出来事である。

あり得ない出来事である。

実は、それは夢だった。実際には人形など産んではいなかった。そんな夢を見ていたのだ。

この夢を最初に見たのは、ものごころついた頃だった。実際にはその前にも見ていたのだけれど、覚えていないだけだという可能性もあった。そう思えるくらいに、以後も何度か同じ夢を見ていた。産む人形の顔は誰かに似ている訳ではない。モデルはいないのだけれど、いつも全く同じ顔だった。それで、産んだ人形には何か意味があるような気がしてはいた。

ただ、大人になり、結婚して子供を実際に産んでみると、やはり子供が見るような幼い、拙い夢だと思えた。実際の分娩台ではあんな風に寝転がりはしない。それに、もっと足は開いている。しかも、最初の夢ではお尻の穴、つまり肛門から子供を産んでいたのだ。

もっとも、ちゃんと本来の子供を産む穴から出産する夢を後に見ることになるのだけれど、要は自分の知識の範囲で見ていた夢である。自分の想像の産物であり、霊というか超自然的な存在から送られたメッセージではないと思えた。つまり、記憶を整理するときに出る残滓《ざんし》としての夢だと思えるのだ。そうではあるのだけれど、なぜそんなに何度もこの人形を産むという、体験したこともないことを、記憶整理のときに見せるのか。

自分の脳でありながら、そこは薄気味悪く、それ故に、何か超自然的な意味が潜んでいそうに思えることもあった。

とはいえ、実際に産んだ子供は表情に富んでおり、生まれたときにはうるさいくらいに泣いた。あの無表情な人形とは似ても似つかない。表情だけでなく、そもそもの顔の作り自体が違うのだ。おそらく、夢の人形はgさんが産んだ我が子を示しているのではないだろうと思えた。それに子供を産んでからというもの、あの人形を産む夢自体を見なくなっていた。だから、あの夢は出産に対する不安を脳が映像として提示したものだと思えた。

それほど意識してはいなかったのだけれど、多分、幼い頃にテレビでみた出産シーンは知らぬうちにgさんの心を傷つけていたのだろう。トラウマというやつだ。

そう納得して、人形を産む夢など忘れてしまっていた。

しかし、久しぶりに、人形を産む夢を見たという。

あの人形を産む夢だ。

目覚めた時にはびっしょりと汗をかいていた。なぜか、変に動揺している。激しく鼓動しているのが自覚できた。

とはいえ、夢である。厭な夢だったなあと思える程度に冷静になることができ、いつも通りに起床した。

しかし、厭な事に、なぜかリビングに買った覚えのない人形があった。肩までの長い髪で前髪を切りそろえている。赤い晴れ着姿。それは夢で何度も産んだ、あの日本人形と顔どころか服装まで一致していた。

実は、昨夜おそく帰った旦那さんが、拾ってきたのだという。ただ、ひどく酔っていて、どこで拾ったのか覚えていないという。なぜ持ち帰ったのかという問いにも、いや、勝手に付いてきた……ように思うと答えたそうだ。

マネキン

誠太さんが学生時代を過ごした町に、カウンターだけの小さなカレーショップがあった。あまり流行っていない店だから楽かなと思って誠太さんはそこでバイトを始めたが、店長が偏屈《へんくつ》な変わり者で性格的に合わなかったのですぐに店を辞めてしまった。

辞めてしばらく経った頃に店長から電話があり、事務所に忘れ物があったから取りに来てくれと言われる。

具体的に何を預かっているのか訊く前に電話は切れてしまった。誠太さんには心当たりの物は何もなかったが、どうせ近所だからと思ってすぐに自転車に乗るとひさしぶりに店に顔を出したという。

すると店長は店の奥から黒いビジネスバッグのようなものを持って現れ、無言で差し出した。

これ違いますよおれのじゃないです、と誠太さんが首を横に振っても「いや、きみのだろう」とまるで聞く耳を持たずバッグを胸先に押しつける。

気圧《けお》されて思わず受け取ってしまった誠太さんを残して、店長はカウンターの奥の小部屋に引っ込んでしまった。

バッグはいかにも安っぽい合皮でしかも古びて大きな傷がついており、くたびれた中年のサラリーマンが持っていそうな代物だ。

あきらかに自分の持ち物ではないし、客の忘れ物じゃないのかと誠太さんは訝しんだが、このまま店に置いて帰るとまた店長から電話がかかってくる気がした。それはうざいなと思った彼はどこか路上にでも適当に放置していこうと思って、バッグを前籠に放り込むと自転車に跨った。

だが結局のところ人目が気になって、バッグを捨てられないままアパートに着いてしまった。

誰の物とも知れない薄汚れたバッグを部屋に持ち込む気にはならなかったので、誠太さんはそのまま自転車を走らせるとアパート前を通り過ぎ町はずれの雑木林に向かった。

林の中の道を進むと少し開けた場所があって、不法投棄のテレビや洗濯機などが草に埋もれるように打ち捨てられていたという。

その隅の方に肌色をした人の手足のようなものが覗いていたので、一瞬ぎょっとしたが、近くでよく見るとそれは数体のマネキン人形が折り重なるように捨てられていたのだった。

誠太さんはビジネスバッグをマネキンの近くの草の上に放り投げ、すぐにその場を立ち去った。


翌日の昼前、枕元の携帯電話が鳴る音で目を覚ました。

見ると例のカレーショップからだったので嫌な予感がして、出るかどうか迷ったけれど結局誠太さんは端末を手に取り通話ボタンを押した。

『だめじゃないか忘れ物置いていっちゃ！　じゃまなんだよ、必ず取りに来いよ』

店長の苛立った声がいきなり聞こえてきて、すぐに電話は切れてしまった。

誠太さんはしばらく携帯を手にしたまま呆然としていたが、午後大学に行く途中にわけがわからないままカレーショップに立ち寄った。

すると店長は待ち構えるように店の前に仁王立ちしていて、その腕には昨日林に捨ててきたはずの黒いバッグが抱えられていた。

目立つ傷がついているから間違いない。そのバッグを無言で誠太さんの自転車の前籠に突っ込むと店長は奥に引っ込んでしまった。


誠太さんは混乱した頭を振り絞って考えて、

「とにかくこのバッグは自分のではないのだから持ち帰る必要はない」

ということだけ結論として導き出すと、バッグを抱えて店に入った。

カウンターの奥の小部屋にいる店長の横顔が戸口から覗いていて、その満面の笑顔にとまどいつつ向かいを見ると誰か人が立っている。

と思ったのだが、それはよく見ると人間ではなく等身大のマネキン人形だった。

髪の毛もないつるっとした頭の裸のマネキン人形が店長と向き合って、まるで談笑しているような格好で小部屋に置かれていたのだ。

「まったく使えない馬鹿なバイトなんでね、クビにした後も手がかかってしょうがない」

店長はマネキンに向かって常連客にでも話しかけるような口調でそう言った。

するとまるで返事をするみたいに「きーきー」とネズミが鳴くような音が聞こえてきた。

それが誠太さんにはマネキンの首のあたりから出ている音に思えたという。

「馬鹿だから忘れ物していって、渡したのに持って帰れないんですよ馬鹿だから」

きーきーきー。

マネキンは音を出しながらかすかに首を上下させている。

「商売っていうのは馬鹿との戦いですよ。客も馬鹿だし従業員もみんな馬鹿」

きーきーきーきー。

「未練がましくこっち見てるでしょあの馬鹿、あんな馬鹿もう絶対雇いませんけどね」

きーきーきーきーきー。

相槌を打っているマネキンの首が突然くるっと回って誠太さんのほうを見た。

その顔が溶けかかったような笑顔に変わっていたので誠太さんは悲鳴を上げて店を飛び出した。


翌日、店の閉まっている時間にそっと来てみると誠太さんの自転車は昨日の状態のまま歩道に停めてあり、前籠にはあのビジネスバッグが突っ込まれていた。

しかたなくバッグを入れたまま自転車を引いて帰宅すると、誠太さんはアパート前のゴミ集積所にそのビジネスバッグを放置した。

指定のゴミ袋に入れておかなかったのに、なぜか翌日には他のゴミとともに消えていたそうだ。

ビスクドール

今年ナース歴二十年を迎える佐久さんには、患者との割り切れない思い出が一つある。

「その人、八十代後半のおばあちゃんで末期の胃がんだった。普通は九十近いと、病院の方針として積極的な手術はしないものなんだけど」

増殖したがん細胞が消化管を塞いでしまったことで、老女はそれまで楽しんでいた食事ができなくなってしまった。

「そりゃ、がんを治すための手術じゃないけど、食べ物を経口摂取できるのは、無上の喜びだから。食べられるうちは口から食べさせてあげたいじゃない」

詰まった部分を迂回して消化管をつなげるバイパス手術を行えば、再び食事ができるようになる。高齢者に対する外科手術のリスクはけっして小さくはなかったが、口から食事を摂らせてあげたいという家族の希望、本人の体力とＱＯＬ（生活の質）を考慮して手術が決定した。

「小柄でおとなしいおばあちゃんでね、赤ちゃんサイズのお人形をいつもそばに置いてた」

その人形はふんわりとした巻き毛にガラスの目を持ち、ほんのり開いた唇の間には小さな舌と歯が覗いていた。

「私、お人形は詳しくないんだけど、かなり古い西洋のドールだったと思う」

アンティークらしく古びてはいたが、よく手入れされており、老女の溺愛ぶりが察せられる人形であった。

老女は常に人形と共に在った。散歩時には人形を抱きかかえ、トイレの個室内にまで持ち込むなど、肌身離さず持ち歩いていた。

「おとなしくて手のかからない患者さんだったんだけど……」

手術当日、それまで医療職に従順だったその老女が初めてヒステリーを起こした。

「お人形と離れるのが嫌だって。〈これはあたしの分身だから、手術の時も一緒にいるんだ！〉ってゴネられちゃった」

手術室に滅菌もしていない人形を持ち込むわけにはいかないと説得したが、老女は頑として首を縦に振らない。

「私が力ずくで人形を引き離した。おばあちゃんは抵抗したけど、私の方が力あるから」

人形をナースに取り上げられた老女は渋々、手術台の上の人となった。

老女の手術は成功したが、術後にトラブルが発生した。

「おばあちゃん、おなかを縫った糸を私物のはさみでジャキジャキ切っちゃって」

さらに老女は、縫合糸を切った隙間から手を突っ込み、手術創を自らの爪で深く抉っていた。あと少しで内臓に届くほど、その傷は深いものだった。

老女の自傷行為は手術から数日後、ICUから内科病棟に移されて、医療職の監視が緩んだ隙に為《な》されたのだという。

「認知症を発症したのかも？　と疑ったこともあったし、術前に大切にしてたお人形を無理やり取り上げちゃったから、私たちへの抗議の意味をこめて自傷に及んだのかも？　って反省もした」

この件は病棟カンファレンスでも話題になったが、自傷行為の処置後、老女は穏やかな状態を維持していたことから責任の所在は有耶無耶《うやむや》になった。

その後、病状の進んだ老女は置物のようにおとなしくなり、緩和ケアを受けたのちに亡くなった。

「末期は疼痛で苦しまないよう薬で意識を落とすから、ほとんど会話はできなくなってたのね」

ただ、亡くなる十日ほど前に老女が珍しく佐久さんに話しかけてきたことがあった。

人形と枕を並べた老女は嬉々としてグロテスクな話をした。

「切ったおなかの中の肉をね、あたし見たの。あたしのお肉、牛肉みたいにきれいな色してるのよね。お鍋にできそうな、本当にきれいな色してるの」

手術は全身麻酔で行われ、執刀医が老女に術中の様子を見せたことはない。

それ、いつ見たんですか？　と問うても、〈もう死ぬのは怖くない〉〈あたしは死なない〉などと言うばかりで、老女から有効な回答は得られなかった。

「変なこと言うなぁ、認知症が進んじゃったのかなって思った。麻酔や外科手術はなんだかんだでカラダにとって負担だから、手術自体はうまくいっても、患者さんの状態が悪化しちゃうこともあるし」

それが、老女との最後の会話だった。


佐久さんが次に困惑したのは、遺族が老女の持ち物を引き取りに来た時のことだった。

あの、老女がずっと抱いていた人形がなくなっていた。

病院の個室に物を置けるスペースは限られているのだが、いくら探しても人形は出てこなかった。

遺族はべつに構わないと言ったが、老女が生前大切にしていた物なのだし、佐久さんとしては形見として返してあげたかった。

老女の遺体が自宅に搬送された翌々日、人形は思いもよらぬ場所で見つかった。

「おばあちゃんがいた個室の床に、ぽつんと置いてあったの」

中身の入っていないロッカーに背を預け、人形は床に座らされていた。

何度も確認したのだから、ずっとここにあったわけがない。よその病室の患者がなんらかの理由で人形を持ち帰ったが、気が咎めて返しに来た、そんなところだろう。

そう考えて人形を持ち上げた時、ふと違和感を覚えた。

「以前、おばあちゃんから取り上げた時はそんなに重くなかったのに、ずっしり本物の赤ちゃんくらいの重量があって」

手の中で不意に人形がいやいやをした。

硬質な首を横に振り、手足をばたつかせるので、驚きのあまり両手を離してしまった。

ごっ、と音を立てて人形は頭から床に落下した。

ひび割れたヘッドパーツが本体から外れ、ころころと転がって来て佐久さんのナースシューズに頬を寄せて止まる。

それはまだ我慢できたが、首のない胴体から伸びた人形の手足がむずかる赤子のようにぱたぱた動いているのを見た時、さすがに忍耐の緒が切れた。

「ヒーッ!!」

「どうしました?」

悲鳴をとらえた同僚ナースがやって来て、座り込んだ佐久さんと、床に投げ出された人形を交互に見やった。

「あ、そのドール。見つかったんですか。落としちゃいました?」

何が起きたか知らない同僚は、物おじせずに人形の胴体と頭部を拾い上げた。

「……このドール、少し臭いません?」

血のような臭いがする、と言って同僚は人形のヘッドを手渡してきた。

「正直、お人形に触るのはちょっと怖かった。でも、何か内蔵のからくりで動いていたのかもしれないと思って」

佐久さんは人形を受け取り、中身を改めた。

落下の衝撃のせいか、人形のヘッドから豊かな頭髪が外れ、後頭部から中身が覗いている。

「知らなかったんだけど、ああいうお人形は頭の中は元々空洞になってるのね。そこに、ぐにゃぐにゃした赤い物が入ってた」

佐久さんが人形の中身を摘まみ出すと生臭い空気がふわっと漂い、同僚が〈ウッ〉とえずいた。

「こそげ取ったような肉と脂が、お人形の頭の中にみっちり詰めてあったの」

それは精肉店でよく見かけるパック詰めされた粗挽きの牛肉に似ていたが、肉の来歴をあまり考えたくはなかった。

「その肉、見つけた時は赤身だったのに、みるみるしなびて腐れちゃった」

黒ずんだ肉が異臭を放ち始めたため、佐久さんは人形のヘッドを腐敗した肉片ごとピニール袋にパッキングした。

人形のボディを点検すると、手足がゴムのような紐で胴体と繋がっていたが、どういうギミックで手足が動くのかはわからなかった。

「判断を仰ごうと、おばあちゃんのご家族の方にお人形が見つかったって連絡したんだけど、いらないって言うのね」

佐久さんが人形の頭部を損傷させてしまったことを謝ったところ、老女の家族は受け取りを固辞したのだという。

「〈とにかく不要ですので、そちらで処分して下さい〉の一点張りだった」

人形の処分に困った佐久さんは、仕事が一段落してからみなに相談することにした。

「頭の入ったビニールと胴体を入れたビニールを二つ、並べて看護師更衣室のロッカーの上に置いておいたら、両方ともなくなってた」

同僚に訊いても、誰も人形の行方を知らなかったという。

「忘れてしまいたいけど、忘れてはいけないような、そんな思い出なの」

と言って、佐久さんは話を締めくくった。

美しい解剖人形

知り合いにAという医師がいる。

何故か理由は不明だけれど、必ずといっていいほど出版社のパーティーにいて、隅の方で一人でウーロン茶を飲んでいる。

無口な人で「あっ！　Aさん」と声をかけても無言で会釈くらいしかせず、パーティーの終了まで一人ぽつんと佇んでいることが多い。

二次会や三次会になると、少しだけ病院や医師にまつわるエピソードを話してくれることがある。そしていつの間にか誰にも何も言わず帰ってしまう。

とある売れっ子漫画家だか小説家の、主治医だという噂もあるが分からない。

編集者の知り合いで、十年くらい前に出会い、最初は偽医者なのではないかと思ったので、貰った名刺の病院のホームページを調べたら、ちゃんと同姓同名の医師の経歴が載っていて、写真の顔も本人だったので、多分本物の医師なのだろう。

そんなAさんから四年ほど前に、某パーティーの二次会でこんな話を聞いた。

「僕が医学生だった頃、U山公園内に解剖墓地と慰霊碑があったんです。それは、明治時代にK大学医学部の学生が解剖した献体を供養するために建てられた場所で、解剖された体の一部を探している解剖された霊が出るとの噂がありました。

解剖の授業は、体の中の各臓器を三次元的にですね、様々な方向に切断して、切断面を分析するんです。

解剖実習期間の時間割なんですが、朝実習室に集まって黙とうした後に解剖を開始。休憩は昼休みに一時間。それから夕方五時過ぎまで解剖を続ける解剖漬けの日々を送ります。

重労働の上に立ちっぱなしで、目も体も意識も全身を使う作業なので、解剖実習中はみんなげっそりと痩せますね。

いつだったか、解剖墓地を休みの日に散歩していたら、ぐうっと後ろに引っ張られて尻もちをついてしまいまして、それだけでなく目の前に牛乳を景色に注いだみたいな白いぼやーっとした塊が浮いてて、向こう側が見えないんですよ。金縛りみたいに、体も尻もちついた状態で少しの間でしたが全く動けず、白いぼんやりした物は、よく見たら人の体の表面みたいで、ぽつっと小さな乳首とその横にほくろがあったんです。

多分、体つきの一部から見た想像だけれど、若い男性だったんじゃないかな。そして、『無駄にしないでください』と声が聞こえてまわりの景色に溶けるように消えたんで、あれは過去に検体されたご遺体だったのだろうかと思いました。

本当は漫画家か小説家になりたくってね、時々、こういったパーティーに知り合いのツテで入って、自分の体験や考えたお話をしてるのが唯一の趣味なんですよ。医者にね、向いてないし何度辞めたいと思ったかわからないけれど、自分の伝えた話が本に載ってると嬉しいんです。それに医者を辞めたらね、検体いただいた方々にも申し訳ないからね」

私はAさんに、医師と兼業の小説家の方もいることを伝えたところ、僕はそんなに器用じゃないから二足の草鞋は厳しいという返事だった。

そんなAさんと、イタリアのフィレンツェで偶然に出会ったことがある。

イタリア・フィレンツェで開催された荒木飛呂彦先生の原画展「HIROHIKO ARAKI AN EXCLUSIVE MANGA EXHIBITION」IN FLORENCEに行った時のことだった。

イベントが終わった後に、荒木先生のおすすめスポットと聞いた博物館に夫と二人で向かい、フィレンツェの石畳に覆われた細い道を抜け辿りついた場所は、剥製だらけの奇妙な博物館で、あまり知られていないのか観光客らしい人はほとんどいなかった。

細い回廊にみっしりと剥製の詰まったガラスケースが並び、樟脳の匂いがどこに行ってもついて回った。

やがて、無数のガラスケースの中に展示され、剥製を見ることに疲れを感じはじめた頃、迷路のような建物の果てのある展示品の前で、恍惚とした表情を浮かべている医師のAさんを見つけた。

「わ、こんなところで奇遇ですね。荒木先生の原画展目当てでAさんもこちらに？」

声をかけるとAさんは「違いますよ」と言った。頬が上気し何かに興奮しているのか喋りが珍しく早口だった。

「ボクはね、イタリアにこの娘目当てに定期的に来てるんですよ」

Aさんが指さすガラスケースの中を覗き込むと、銀糸のような髪の毛を指先で弄《いじ》りながら何か考え事をしているような表情の少女が横たわっていた。

少女の体の喉から下は縦に切り開かれており、そこから内臓が外にはみ出していた。

博物館の入り口で貰ったパンフレットを見ると、これは十八世紀のフィレンツェで解剖学の教材として作られた蝋人形だということだった。

「この娘、解剖のヴィーナスとも呼ばれてるんです。エロチックでしょう。解剖学的にはおかしいところも色々とある解剖人形なんですが……この色香が凄いでしょう。もう何時間でも眺めていられますよ」

「この解剖人形の女性が、お好きなんですか？」

「見ているとね、魔力があるんです。髪の毛とまつ毛は実際の少女のものを一本一本植え替えているそうですよ。もともと神保町の古書店にあった本でこの娘の存在を知りましてね、夢で、逢いたいと呼ばれて来たのが最初なんです」

「わざわざこの蝋人形に会うためだけにイタリアに来たってことですか？　医師の仕事は忙しいでしょうに」

「さすがに忙しくない時を選んできてますよ。でも、呼ばれるとねえ、直ぐに行きたいって思ってしまいますね。イタリア語も勉強したんですよ。夢の中ではほら、イタリア語で話しかけられてて、最初はほとんど何を言ってるか分からなかったものですから。日本語でここでお喋りしてると、彼女に騒がしく思われてしまいそうですからね。――これくらいでいいですか？」

Aさんに言われ、「これは失礼しました」と、その場で別れた。

そしてちょうど昼時だったので、博物館を出ると近くにあった食堂に入った。

フィレンツェの名物だというビステッカを頼み、焼き上がるのを待っていると私たちの持っているパンフレットを見て、店員が英語で話しかけてきた。

「あの博物館で解剖人形を見たのかい？」

私たちがそうだと言うと、店員がこんな話を聞かせてくれた。ただ、私の英語力は低いので聞き間違いの可能性もあるので、内容は大まかこんな感じという程度で受け止めて欲しい。

「解剖人形は全て女性で美女揃いでね、昔は今よりも多く博物館にあったらしいんだけれど、あの人形に懸想《けそう》して持ち去った人がいて減ったとか、若い医師の卵を誘惑したなんて噂があるんだよ。

内臓を開いて見せていても美しいと感じる人形だし、むしろその姿が猟奇的な魅力があるだろうね。生きている人間を開いてもあんな風にはならないし、しかも美しいままで劣化しないし腐らない。永遠の作られた美女を盗み出した人はどんな日々を送ったのだろうとたまに思うよ。

今残っている人形もイタリアの芸術の粋を集めたもので、目玉のベネチアン硝子も今はあれだけ綺麗なのは焼けないらしいよ。

若い医師があの博物館に行くとね、彼女の唇から歌が聞こえただの、抱擁の幻を見たり感じたりって話があるんだ」

私は先ほど見たAさんの姿を思い起こしながら、目の前に置かれた焼きたてのビステッカを食べた。

翌年Aさんと出版社のパーティーで会ったら、別人のように痩せて風貌が変わっていた。体調を崩されでもしたんですかと聞くと、イタリアであの後、色々とありましてということで、何があったのかはそれ以上は教えてくれなかった。

座敷童子

もう随分と昔の話に体験した、これは私自身の話だ。

祖父は人形が好きで、骨董屋等に行ってもまず一番に人形があるかどうかを探すのが習慣になっているような人だった。

そんな祖父が十数年前に座敷童子の人形というのを見せてくれた。

それはわざわざ岩手まで行って買って来た品だといい、毎年四月に遠野で座敷童子の人形を奉った祭りが向こうではあるという話だった。

その時に座敷童子人形は魂を入れて貰えるらしい。

私は祖父に、その祭りか何かで手に入れたのかと言うと、いや違うあっちの骨董屋で見つけた物で座敷童子の人形だという。

しかもどうやって確かめたのかは分からないが、これはちゃんと魂も入っている人形なので珍しいだろうと言うのだ。

硝子ケースから出されて、目の前に置かれた座敷童子の人形は、市松人形によく似た格好をしていた。

私は日本人形をどう扱っていいのか分からず、戸惑いもあったので、祖父は色々と語りたそうにしていたのだけれど、話しもそこそこに切り上げてしまった。

その罪悪感のせいだろうか、帰らずに祖父の家で眠りについたのだが、夜中に目が覚めると、暗闇の中、目の前に髪の毛のようなものが垂れ下がっており、手に掴むと蛇のようにうねって消えた。


手に残った髪の毛が動いた感覚が気持ち悪かったので、私は蠅のように手を擦り合わせて感触をもみ消すような動作をしているうちに再び眠ってしまったのだが、朝起きるとまだ昨日掴んだ髪の毛の感触が残っていた。

感覚が伴うリアルな夢ということもあるので、この場合もそれだったかも知れない。

だけど朝食を食べた後、何気なく目に入った硝子ケースに入った座敷童子人形は箱の中で倒れており、ケースの隙間には赤い着物の裾が挟まっていた。

祖父が食卓にやって来たので私は、人形の入ったケースを指差した。

祖父は、「なんでこないな風になってんねや、勝手に開けて出したんか？　昨日はキチッと収めて蓋閉めたし、それ確かめたからこないな風になってるのはおかしい」と言った。

祖父の問いかけに対して私も祖母も、ケースには昨日から触ってすらいないと伝えた。

そんなわけで、私があの人形不気味じゃないかと祖母に伝えると、うちもそう思う、それに、あの人形は水を飲んでいるんじゃないかという話を祖母がしはじめた。

何故かというと、硝子のケースの中に乾燥しすぎないように小さな器に入れた水を入れているのだが、その減りがやけに速いと言う。

おまけに晩にお人形さんがおる部屋から犬が水を舐める時のような音がたまにするんよ、おじぃは池の音の聞き違いとちゃうんかと言うけど、庭の鯉が跳ねている音ともポンプの音とも違うし、不気味やろほんまに……。

その話を聞いて、水の入った器に小さくマジックで水の入っている高さに印を付けた。

そして数時間後にまた見るとその印から水位は一センチほど下がっていた。

祖母は私の顔を見て、こんな短時間に家の中で蒸発して減るような量じゃないやろと言って人形を指差した。

真偽については不明だし、これは人づてに聞いた話だが、親戚の子がその人形の髪の毛を梳《と》かした後、同じ櫛で自分の髪を梳かしたら櫛に長い白髪が何本も絡みついていたという。その子は小学生で白髪がそんなにあるはずもなく、人形も黒い髪をしていた。それに梳かす前には白髪は一本も櫛には絡まっていなかったそうだ。

他にも人形の口の端が吊りあがって笑っているのを見たとか色々言う親たちがいて気味悪がる人が多かったので、祖父はとうとう二年前に人形をお寺に寄贈することに決めた。

祖父が人形を寄贈したお寺はN県にあるのだが、先日電話をかけて聞いてみたらまだその人形は焚き上げにもされておらず、寺院内にあるのだそうだ。

そこのご住職が言うには特に変わったことはないけれど、人形ばかりを収めてある場所で子供の笑い声を聞いた人がいるという。

にしださん

【以下は、Dさんという女性より頂戴したメール二通と、その後に電話で追加取材させてもらった内容を、ご本人の許可を得て口述形式に再構成したものである。個人情報に抵触しそうな箇所のみ修正している旨を、あらかじめ断っておきたい】


ことのおこりは、二年ほど前の秋に遡《さかのぼ》ります。

その日、私は[redacted]県の実家を訪ねていました。前年に唯一の家族である母親を亡くし、遺品を整理する必要に駆られていたんです。

洋服や家電を業者にあらかた処分してもらいスッキリしたのもつかのま、私は庭の隅に置かれている物置小屋の存在を思いだし、なんとも憂鬱な気分になっていました。

そのプレハブ製の物置は私が幼いころ、父が家庭菜園の農具を収容するために購入したものでした。そんな父も十数年前に死んでしまい、その後は母も私も手をつけず放置して

いた——いわば〈開かずの間〉だったんです。とはいえ、わざわざ実家へ来ておきながら放っておくわけにもいきません。私は覚悟を決めて、錆だらけの扉を開けました。

小屋のなかは想像を絶するありさまでした。

蜘蛛の巣だらけの農機具。ラベルがすっかりと色褪せた農薬ボトル。把手が取れているバケツに、黒ずんだ液体が底に溜まった漬け物樽。そんなガラクタとしか思えない無数の品が、崩れんばかりに積みあがっていたんです。

私は溜め息をこぼしながら、しぶしぶ片づけを開始しました。

好き放題ゴミを蒐《あつ》めて亡くなった父を恨み、生前に見て見ぬふりをしていた母を呪い、汗だくで仕分けることおよそ二時間。ようやく床が見えて安堵した、その直後。

私は〈妙なもの〉を見つけました。

数冊のノートがビニール紐でまとめられ、小屋の奥へ無造作に置かれていたんです。

一見するなり、私は「おや」と違和感をおぼえました。

通常であれば、古紙の類は持ちはこびやすいよう紐を十字に交差させて結びますよね。けれども私が見つけたノートの束は、縦横《たてよこ》ななめに何度もビニール紐を交差させ、乱雑にぐるぐると巻かれていたんです。その異様な縛り方は、まるで——なにかを封印しているように思えました。まあ、そんな印象を抱いたのはノートの中身を目にした所為なのかもしれませんけど。ええ、そうです。問題はむしろ中身だったんです。

固く結われた紐をほどいて一冊を開くと、ページいっぱいに拙《つたな》い文字が踊っていました。

ああ——そういえば幼いころ、町内会の運動会で徒競走に出て、参加賞に大学ノートをもらったことがあったっけ。それがなんだか嬉しくて、しばらく日記をつけていたっけ。

これは、あのときのノートだ。私の日記帳だ。

こうして〈封印されたものの正体〉こそ思いだしましたが、内容についてはまるで憶えていません。それが、私の好奇心に火をつけたんでしょう。

当時の自分はなにを見て、なにを聞き、どんなことに心を動かされていたのだろう。

逸《はや》る心にあらがえず、私はその場で日記を読みはじめた——のですが。

《きょうわ　にしださんとおままごとであそびました》
《にしださんといっしょに　かくれんぼをしました　よかったです》
《おかあさんが　せいきょうにかいものにいったので　にしださんとあそぶます》
戸惑《とまど》ってしまいました。
西田さんという人に、まったく心あたりがなかったからです。

保育園の友人。保母さん。近所のおじさんおばさん。町内の幼なじみ。思いつくかぎり記憶の糸を手繰《たぐ》ってみたものの、該当する人物はいっこうに思い浮かびません。

混乱のままにページを捲るうち、私はある一文へ目を留めました。

《にしださんのかおがもげた　でも　おかあさんがこうかんしてくれて　よかったです》

そこで、ようやく〈にしださん〉は人形の類なのだと理解が追いつきました。

なるほど、どうやら幼い私はお気に入りの人形があったらしい。けれどもそこは子供のこと、いつしか興味を失い、今日まですっかり忘れていたのだろう。

などと自身を強引に納得させてはみたものの、それでも疑問は拭えませんでした。

なぜ〈にしださん〉という名前なのだろう。

幼な子のセンスなら〈ミイちゃん〉とか〈メルちゃん〉とか親近感の湧くネーミングにするのが普通ではないか。なのにどうして自分は、やけに他人行儀な名前をつけたのか。

そもそも〈にしださん〉と名づけたのは、本当に私なのだろうか。

さんざん悩んでみたものの、当然ながら答えは見つかりませんでした。

そうだ、母も亡くなったいま、正解を知る者は誰もいない。ならば、これ以上考えても意味などないではないか。たかが子供の日記、どうでも良いではないか。

我にかえって顔をあげると、秋の夕日が長い影を庭に落としていました。

まずい、思わぬ時間を食ってしまった。

私は慌ててノートを結びなおそうと重ねなおし――そのはずみで一冊がばさりと開き、紙片がひらひら落ちてきたんです。

拾いあげてしげしげと眺めれば、それは一枚の白黒写真でした。

右端に写っているのは幼い女の子。その服装に、ピンとくるものがありました。

彼女の衣服は、私が小学校にあがるころまで着ていたワンピースとおなじものでした。ポケットに縫いつけられたうさぎのアップリケも、たしかに見おぼえがあります。つまり、写真の少女は幼少時代の自分としか思えないのです。

けれども私は、懐かしむ気分にはなれませんでした。私らしき少女の隣、厳密に言えば写真のまんなかに、子供ほどもある大きな布製の人形が写っていたからです。

すぐに、この人形が〈にしださん〉だと直感しました。

見れば見るほど奇妙な人形でした。全体的には「いかにも手作り」といった粗《あら》っぽさが目立ついっぽう、細かな部分がやたらと精巧なんですよ。たとえば、両腕は左右の長さが極端に違う反面、髪の毛は異様に生々しいんです。古いモノクロ写真とは思えないほど、黒髪の一本一本まで艶やかに写っているんです。

とりわけ目を引いたのは、顔でしょうか。

フェルトを貼りつけたとおぼしき目、綿をぎゅうぎゅうと詰めて盛りあげた鼻、赤糸を縫いつけてこしらえた唇。ひとつひとつの造形は粗雑なのに、どこかリアルなんです。

その歪さに目を凝らすうち、ふと気づきました。

似ているんです。〈にしださん〉の顔、私そっくりなんです。

だとすれば、この人形は自分を模して造られたのだろうか。父か母の手製なのだろうか。

待てよ——それ以前に構図がおかしくないか。

普通の場合、記念写真を撮影する際は主役をセンターに配置する。すなわち、我が子をまんなかに立たせるはずだ。にもかかわらずこの写真では私を押し除け〈にしださん〉が中央を陣取っている。さながら、自分が主役だと言わんばかりに。

それはなぜだ。彼女はいったい何者なんだ。

と、ふいに〈にしださん〉がこちらを睨んだような気がして、私は思わず目を逸らし、視線を少女に移しました。

「え」

女の子——服装こそ私と一緒ですが、顔はまったく違うんです。

私はどちらかといえば面長で、目も細い一重なんです。けれども写真の女児はふっくらした丸顔で、瞳も大きな二重なんです。まるで別人なんです。

人形は私そっくりなのに、〈写真の幼い私〉は、私とまるで似ていない。

それは、つまり、だとしたら。

私は〈にしださん〉なのではないか。

この写真に写っている〈私〉は、すでにこの世にいないのではないか。

日記にあったとおり〈顔がもげて交換された〉のではないか。

そんな仮説にいたった瞬間、私は物置から飛びだしました。

地べたにならべていたガラクタを蹴飛ばし、何度も転んで土まみれになりながら、家の前に停めた自家用車へ飛び乗ると、すべてを放置してその場を離れたんです。あたふたと逃げだしたんです。一秒たりとも、あそこに留まりたくなかったんです。


あの日以来、実家には足を向けていません。もちろん物置の中身も散らかしたままです。

だって——いまも、ときおり想像してしまうんですよ。

もし、ガラクタを漁っているうちに新しい写真を見つけてしまったら。

あるいは〈写真の私そっくりな人形〉が、あのなかに埋もれていたら。

そう考えると、どうしても片づける気になれないんです。

左手

中小企業に勤めるササモリくんは、自称〈特異体質の持ち主〉である。

いわく「人形の左手だけを頻繁に拾得する」のだという。

「こんなの、体質としか言いようがないじゃないですか。まあ、理解してもらえないのは自分でもわかっているんで、あんまり他人には話しませんけどね」

彼自身は憶えていないが、父親によれば最初に〈左手〉を拾ったのは、三歳の誕生日を迎えたばかりのころであったそうだ。

「公園の砂場で遊ばせていたら、いつのまにか塩ビ人形の左腕を握りしめてたんですって。親父は〝ほかの子が遊んでいた玩具を奪ったんじゃないか〟と青い顔で周囲の親御さんに聞いてまわったらしいんですが、そんな人形を持ってる子は誰もいなかったみたいで」

そのときは「誰かの忘れ物だろ」という話で落ちついたものの、以降もササモリくんはことあるごと〈左手のみ〉を拾ってくるようになった。

電車に乗ると座席の隙間から特撮ヒーローの左手を摘まみあげ、祖父母の暮らす田舎に帰省した際は、田んぼの泥中にキューピー人形とおぼしきセルロイド製の腕を見つける。綿のこぼれたぬいぐるみの片腕が、ズボンのポケットに入っていたこともあるという。

そんな事象があまりに続くもので、とうとう両親は我が子の窃盗癖を疑いはじめた。

「おかげで、絶えず行動を監視されるようになっちゃって。いや、実の親から疑いの目を向けられるというのは子供心にもシンドかったですよ。まあ、一週間ほど見張ったすえに〝盗んでいる気配はないようだ〟って結論に達したらしいんですけど、それで逆にお袋はパニックになってしまったようで」

人形の左手は、もしや凶事の前触れではないのか。

この子は将来、左手に大きな怪我を負うのではないか。

傷ならまだしも、腕そのものを失うような目に遭うのではないか。

ササモリくんの母親は、そんな不安に駆られてしまったらしい。

ところが——母の懸念は、ある事故を境に消え失せてしまう。

「単純な話ですよ。ぼくがチャリで転んで、右手の中指と左足首を骨折したんです」

本来であれば息子の怪我を痛ましく思うところだが、反対に両親は安堵した。

左手以外を負傷したのなら、あの〈人形の断片〉は無関係ということになる。つまり、腕を欠損するような事態は起こり得ない——そう判断したのである。

「親父もお袋も早計ですよね」


それから、およそ四半世紀あまり。

ササモリくんは現在にいたるまで、およそ年に一度の割合で身体を負傷している。

「小学校のときは左折するトラックに轢かれて右足を複雑骨折。中学二年の夏には錆びた非常階段の床が抜けてコンクリに落下、顔面を十五針縫いました。大学時代はバイト先で右手をついたガラステーブルが割れて、血まみれで救急搬送されてます。おかげで、ほら」

ササモリくんが私の眼前へ右手を突きだし、ぎこちなく中指を動かしてみせる。

「神経が切れちゃって曲がらないんです。無茶する性格じゃないし、運動神経もそこまで悪くないんですよね。だから、理由は〈あれ〉しか考えられないんですけど」

そう言うと彼はスマホを取りだし、こちらに画面を向けた。

ちいさなサムネイルのならぶ写真フォルダに、〈左手〉がいくつも写っている。

「こいつは得意先の封筒に紛れこんでいた左腕で、こっちはスポーツジムのロッカーから出てきたものです。たぶん巨大ヒーローのものじゃないですかね。あと、これは……」

「ちょ、ちょっと待ってください。ストップ、ストップ」

説明を遮り、私は彼に訊ねた。

「さっきの話だと〝人形の左手は無関係だ〟って結論にいたったたんですよね。現に怪我をなさった箇所は、いずれも左手以外じゃないですか。そりゃ、たしかに人形の左手ばかり見つけてしまうのは不気味ですけど、負傷と結びつけるのは無理が……」

「逆だったんですよ」

私が質問を終えるより早く、ササモリくんが口を開いた。

「右手の中指。左足首。右足。顔面。右の掌。耳、眼球、前歯、頚椎……」

呆然としているこちらをよそに、彼が身体の部位を諳んじていく。わけもわからず耳を傾けるうち――あることに気づいて、私は息を呑んだ。

動揺する顔を見遣り、彼が「そうなんです」と頷く。

「怪我をしたの、すべて〈左手以外〉なんです。二十回以上も負傷してるのに、そんなの有り得ますか。つまり……これは」

〈左手だけ残るぞ〉って意味じゃないんですかね。

「あ、そうだ。最後にこれをお見せしなくちゃ」

取材を終えて立ち去ろうとする私に、ササモリくんが再びスマホを渡した。

液晶画面には、フィギュアのパーツとおぼしき〈細い左腕〉が写っている。腕は中指の股から断ち切ったかのごとく、縦にすっぱりと割れていた。

「昨日、車のワイパーに挟まっていたんですけど……これ、どう思いますか。なんとなく〈いよいよ左手もただでは済まない〉ってメッセージに見えませんか。だとしたら ぼく、どうなっちゃうんですかね。」

答えに窮した私は「あまり考えすぎないほうが良いと思いますよ」と、適当にもほどがある慰めを口にしてから「なにかあれば連絡をください」と言い添えてその場を去った。

それから半年——幸か不幸か、現在のところ続報は届いていない。

「彼から連絡が来ないかな」と、ひそかに期待していることは、ここだけの秘密である。

ありくい

富谷さんは少年時代の一時期、嗜虐《しぎゃく》的な遊びに没頭していた。

虫や小動物を残酷な方法で殺すのである。

カエルの生皮を剥き、バッタの脚を挽《も》ぎとる。トンボの羽を火のついたマッチで炙り、野ネズミを石に叩きつけて〈破裂〉させる。善悪の判断がつかない幼児期に見られがちな行動だが、彼の場合はほかにも理由があったようだ。

「前年に妹が産まれた所為で、両親が自分に構ってくれなくなったんですよ。その不満を弱い相手にぶつけていたんだと思います。山あいの田舎暮らし、ほかに鬱憤を晴らす対象なんていませんでしたから」

なかでも彼は、ことのほか蟻を敵視していた。

巣穴へ沸騰したお湯を注ぎ、あたふたと出てきた蟻に農薬を浴びせて悶え死にさせる。

自転車の前輪を行きつ戻りつさせて、ぷちりぷちりと一匹ずつ踏みつぶす。

〈虐殺〉に熱中するあまり、気づけば陽が暮れていることも珍しくなかったそうだ。

「授業で〝蟻の巣には幼虫がおり、大人の蟻たちが世話をします〟と聞いたのがきっかけでした。あくせく動きまわる姿に、妹を溺愛する父と母を重ねていた気がします」

毎日のように殺しても、蟻の数はいっこうに減らなかった。それはさながら両親が妹に注ぐ無限の愛情のようで、幼い富谷さんはいっそう腹立たしさをおぼえた。


その日、富谷少年はいつも以上に苛立っていたのだという。

「妹の世話をせずに遊んでいたのを、父と母に咎《とが》められたんです。私には私なりの事情があったんですが、父から〝言いわけをするな〟と拳骨をもらいましてね。さすがに堪らず、涙目で外へ駆けだしたんですよ」

ふてくされて家を出る際、彼は一体の人形を衝動的にひったくっていた。

赤児を模した大ぶりの人形は、妹の誕生祝いに親戚が贈ってくれたものだった。

「人形を忌々《いまいま》しく思っていたんですよ。母から〝お前が生まれたときは大量の布おしめをもらった〟と聞いていましてね。なぜこれほど差がつくのかと頭に来ていたんです」

さて、こいつをどうしてやろう。肥溜《こえだ》めに投げこもうか、それとも焼いてしまおうか。

思案を巡らせてはみたものの、うかつに棄てようものならたちまち両親の知るところとなって叱られるのは自明だった。それでは面白くない。ばれないように〈虐殺〉したい。

虐殺——その言葉で妙案が浮かんだ。

蟻だ。ふだんから虐めている蟻ともども、この人形を非道《ひど》い目に遭わせてやろう。

さっそく富谷さんは神社の境内で巣穴を探しだすや、人形に蟻を〈食べさせた〉のだという。わずかに開いた人形のおちょぼ口へ、もがく蟻たちを次々と捻じこんだのである。

「そう簡単にはいきませんでしたけどね。人形の口は窄《すぼ》まっていて狭いし、おまけに蟻も必死で暴れますから。何度も手が滑っては、指先でちいさな身体を擦りつぶしましたよ」

ぷちん、ぷちん、という蟻のちぎれる音を聞きながら、それでも彼は手を止めなかった。もっと、もっと蟻を殺してやる。人形を、妹を、両親を、この世のすべてを殺してやる。暗い衝動に突き動かされ、ひたすら蟻を食べさせていく。いつしか人形の口まわりには、脚の欠片や頭部の破片がべたべたと纏《まと》わりついていた。

「百匹までは数えていたんですが、そのうち無性に虚しくなってきましてね。帰宅すると〈蟻人形〉をこっそり戻しておきました。その後はべつだん騒動にもならなかったので、私もすっかり忘れていたんです。思いだしたのは翌年の冬……妹が死んだ日でした」

急死だった。

母の傍らですやすや眠っていたはずが、翌朝見ると呼吸が止まっていたのである。

三つにも満たない子の急逝とあって、通夜の席は重苦しい空気に包まれていたという。

「父はすっかり憔悴、母にいたっては半狂乱でしたね。私も〝こんなことなら優しくしておくんだった〟なんていまさらに悔やみながら、じっと畳の目を見つめていましたよ」

と——啜り泣きがほうぼうで聞こえるなか、異変は起きた。

「……いきかえった」

母が搾りだした声に、富谷少年はおもてをあげた。

「えっ」

妹の顔にかけられている白布が、もぞぞぞぞぞぞぞと小刻みに動いている。

「まさか、だって……」

「いや、そんなはずは……」

皆がざわつくなか、親戚のひとりがおそるおそる手を伸ばして布を一気に捲る。とたん、その場にいる全員が悲鳴をあげた。

屍体の枕元に置かれている人形の口から、数えきれないほどの蟻が湧きでていた。

そんな莫迦な。〈虐殺〉は半年も前だぞ。いままで生きているはずが——。

富谷少年が絶句するあいだにも蟻はどんどん数を増やし、いまや妹の顔にまで群がって

いた。土気色の唇から侵入しようとする黒い粒を、母親が「やめて！」と泣き叫びながら手で叩きはらう。妹の柔らかな髪が乱れ、薄い皮膚が昆虫の体液で汚れていく。

蟻たちはちりぢりに遺骸や畳の上をさまよっていたが、半時間ほどですっかりと消えた。最後の一匹がいなくなるまで、参列者たちは呆然と見つめるほかなかったという。

「殺された蟻の復讐だったのか、それとも人形の仕業なのか……いずれにせよあの騒動が噂になって、私たち一家は村を出たんです。おかげで父も母も苦労が祟ったすえ、早くに死んでしまいました。だから……あの日願ったとおり、両親も妹も蟻も人形もこの世も、みんな死んでしまったんです。私に殺されたんです」

「……蟻が湧きでた原因、ご両親に告げなかったんですか」

私の問いに、富谷さんは力なく首を振った。

「さすがに言えませんでしたよ。〝あの子が死んだのは自分の所為かもしれない〟なんて。両親だけじゃありません。妻にも子にも孫にもこの話はいっさい知らせていないんです。今日あなたに語ったのが最初で最後、あとは墓場まで持っていくつもりです」

この秘密を抱えながら生きることが、たぶん私の罰なんでしょう。

彼は弱々しく呟いて、話を終えた。

ぬいぐるみの気持ち

Tさんの息子（以下F君とする）が小学校低学年だった頃の話。

「とにかく色んなものを拾ってくる子供で」

石や木の実、大きな葉っぱに虫の死骸。

「そういうお決まりのものだけなら良いんですけど……」

汚れた軍手、潰れた空き缶、ボロボロになった古雑誌など、どう考えてもゴミのようなものまで、気に入ったものをせっせとあつめていたそうだ。

「一応、子供の自主性を尊重しようってことで、庭にF専用のスペースを作りました。拾ってきたものはそこに置いておく約束にして、好きなようにさせてたんですね」

となれば、すぐにゴミの山ができそうなものだが、F君にも考えがあったようで、ある程度時間が過ぎるとコレクションしていたそれらを廃棄し、新たに別なものを拾ってくるというサイクルがあったらしい。

「不思議なもので、それまで大事にしていたものであっても、結構ドライに処分しちゃうんです。私のところに持ってきて『これ捨てていいよ』って。何が基準になっているのか、親としても面白がっていたんですが……」


ある時、F君が汚れたぬいぐるみを拾ってきたことがあった。

「猫のキャラクターのやつなんですが、ボロボロになっていて、誰かが捨てたものなんでしょうけれど、ちょっと気持ち悪いなって」

数日後、F君はTさんに「ぬいぐるみを燃やして欲しい」と頼んできた。

「燃やして欲しいなんて言ってきたことなかったので、どうしたんだろうと思って」

理由を訊ねると「コレが燃やして欲しいって言ってる、かわいそうだから燃やしてあげて」と、F君が真剣な顔で言う。

「えーってなるじゃないですか？　なに言ってるんだろうって」

手のひらサイズの小さなぬいぐるみだったため、燃やすこと自体は簡単であったのだが、息子の妙な発言が気になり、問い詰めた。

「火に興味を持ったのかなと思ったんです。本当は自分が火を見たいだけなのに、それをぬいぐるみのせいにすることで責任逃れをしているのでは？　と」

それはそれでずいぶん穿った見方ではあったものの、ぬいぐるみが「燃やしてくれ」などと言うはずがないのだから、なにか裏があるのではないかと考えたのも頷ける。

「興味を持つことは悪いことではないので、変な理由をつけずに素直にそう言って欲しかったんですね。ちゃんと燃やしてあげるから正直に火に興味があると言ってと」

しかしF君は頑《かたく》なに「コレが燃やして欲しいって言ってるから」と譲らない。

Tさんはその態度に手を焼き、その場での判断を保留した。

「夫が帰ってきてから相談してみようと思ったんです。キャンプとか、もっと火を使うのにふさわしい環境を用意できないかなと」


その夜、F君は不貞腐れて早めに眠ってしまった。

Tさんは仕事から帰ってきた夫の晩酌に付き合いつつ、昼間にあったことを話していたのだそうだ。

夫は笑いながら「じゃあ近々庭でバーベキューでもするか」と言った。

陰でコソコソ火遊びを始めるよりも、ある意味分かりやすくて良かった、そういったことを夫婦で話していると、眠っていたはずのF君がふらりとリビングにやってきた。

「その様子がおかしかったんですね」

F君は何故か目を瞑ったまま、青ざめた顔をして「助けて欲しい」と言う。

明らかに異常な様子を見て取り駆け寄ったT夫妻は、F君を抱きかかえるようにして「どうしたの?」と何度も声をかけた。しかしF君はそれに反応せず「助けて欲しい、助けて欲しい」と繰り返すばかりで、終いには涙まで流し始めた。

「その間ずっと目を瞑ったままなんです、私、固まってしまって」

すると夫がTさんに向かって、例のぬいぐるみを持ってくるよう指示した。

その真意を掴めないまま、動転したTさんは庭からそれを持ってくると夫に手渡す。

夫はぬいぐるみを台所の流しに置き、少量のライターオイルをかけてから火を点ける。

「なにやってるの? って、私は殆どパニックでした」

ほどなくしてぬいぐるみが燃え尽きると同時に、F君はパチリと目を開け、青くなっている両親に向かって「どうしたの?」と不思議そうな表情を向けた。

「Fは、ついさっきまで自分がどんなだったか、全く覚えていませんでした」

夫は夫で、突然ぬいぐるみを燃やしたのは「なんかピンと来た」からだと言い、理由らしい理由を述べられないようだった。

「もうなにがなんなのかサッパリなんですが、流れ的に、あのぬいぐるみの仕業なんだろうなって、そう思うしかないじゃないですか?」

後日、Tさんは F君に対し「ぬいぐるみを拾ってくるのは禁止」と言いつけた。

F君は現在六年生、拾い癖はまだ健在だが、ぬいぐるみを拾ってきたことはそれ以降ないとのこと。

わかばちゃん

介護施設で働く女性Sさんの話。

「ドールセラピーって知ってます？」

いきなり聞かれて私は首をかしげた。

ドールセラピーとは、認知症の老人用につくられた赤ちゃん型の介護用人形——といっても中にはコンピューターが内蔵されており、千通り以上の会話ができるロボットなのだが——を使って、小さく可愛らしい人形を抱くことで触覚を刺激し、会話をすることで認知症の進行を緩やかにするセラピーだ。

それがSさんの施設でも導入されることになった。

「正直、あまり大きな期待はしていませんでした」

ところが、三体の介護用人形を導入したところ、女性入居者のみならず、男性入居者にも人気が出た。

「孫を連れて面会に足繁く来てくれる家族がいる入居者さんでも、誰も来ない平日は寂しいですよね。お孫さんが大きくなった方や、いない方は尚更ですよ。だから、みんなホールにいるお人形とお話するのが楽しみになったみたいで」

人形の名前はそれぞれ『わかばちゃん』『さよちゃん』『はじめくん』。

一日中抱っこして話しかけている人もいれば、孫のようにその人形をひざに置いて、周囲の入居者と自分の子育てについて花を咲かせている入居者もいる。

「やっぱり、子供って人の心を和ませるんですね。たとえそれが、人形でも」

入居者同士のホールでの会話も活発になり、職員たちも導入に手ごたえを覚えていたところだった。

「ホールに出てこられる人はいいんですが、お部屋で寝たきりの方もいますよね。その人たちは他の入居者さんたちとも交流がとれないので、口数が減って――表情も乏しくなっていくんです」

今度は、部屋から出られない入居者のために『お散歩タイム』と銘打って、ホールから人形たちをそれぞれ部屋に連れていくことにした。

「こちらも入居者さんから好評で、私も最初は喜んでたんですけど」

Sさんが表情を曇らせた。

「個室入居者のTさんが、わかばちゃんをどうしても手放さないって言い始めて」

Tさんは腰椎を骨折していて身動きがとれないでいた。

ホールに近い部屋なので、ドールセラピーで盛り上がる入居者たちの声で、いてもたってもいられなくなり、真っ先に人形を連れてきてほしいと言っていたのだが――。

「それから部屋にずっと置いておきたいって言うんですよ」

他の入居者の手前、一人が独占する状態は良くないような気がしたが、個室入居者の部屋に置いて、どういった効果が出るのか様子を見ようという上司の意向で、わかばちゃんはTさんの部屋専属の人形となった。

「Tさんは大喜びでしたよ。一人でずっと天井を見ているよりは、会話してくれるかわいい人形がずっとそばに居るんですから」

寝たきりになって以来、減っていたTさんの食欲が徐々に増え、表情も豊かになっていった。眠るときもわかばちゃんを抱いて寝るので、眠剤に頼らずとも熟睡できるようになったという。

ドールセラピーが目覚ましい効果をあげていることに、Sさんの上司は満足していたようだが――。

「私はちょっと怖くなってきたんです」

わかばちゃんのことである。

三体の人形がホールに置かれていた時からだそうだ。Sさんが夜に巡回していると、ホールの方から視線を感じる。ホール中央のテレビ横の棚に、三体の人形が並べられているのだが——他の二体が真正面を向いていても、わかばちゃんの首だけが、廊下の方を向いていた。

そして——まばたきしたのだという。

「あのての人形ってセンサーがはいっているので、ちょっとの音でも反応することがあるんです。だから、就寝時間と起床時間をセットしておけば、その間は子供のように瞼をとじて眠っているようになるんです。なのに……」

わかばちゃんにセットされていたタイマーを確認すると、時間のセットに間違いはない。まばたきしたことなど嘘のように、目を閉じて眠ったような状態になっていた。

「だから……Tさんの部屋に行ったのがそのわかばちゃんだったので、少し嫌な感じがしていたんです」

ホールで深夜にあった出来事を同僚に話したが、誤作動ということで片づけられた。

これ以上言えば、変に思われるのは自分だと思い、何も言わなかったのだが——。

「また、夜間巡回していた時でした」

その日は静かな夜だったという。徘徊もなく、ナースコールも鳴らなかった。入居者の部屋を一つ一つ巡って、様子を見るだけ。

廊下を歩いているSさんに話し声が聞こえてきた。起きている入居者がいるのだろうか――そう思って、声のする方へ向かうと、Tさんの部屋だった。

――あぼあぼあぼあであであであであであであぼでででで。

「Tさんの寝言かと思ったんです。だって低くてくぐもった声だったから」

切れ目のない呪文のような声――Tさんの眠りが浅いのか、とドアを開けてSさんは、ヒッと声をあげた。

「わかばちゃんがこっちを見てたんです」

見ていた、と言えば語弊があるだろう。たまたま、ベッドから離れた場所にあるテーブルの上におかれた、わかばちゃんの首がこちらを向いていただけなのだが。

「そして……タイマーが切れている時間なのに、ずっと早口で言ってるんですよ。遊んで遊んで遊んであそぼあそぼあそぼ……って」

Tさんの顔には苦し気な表情が浮かんでいる。

Sさんは具合でも悪いのかとTさんの状態を観察したが、異常はない。

無理に起こすのも気がひけたので、Tさんはそのまま寝かしておいたという。

ただ、わかばちゃんが誤作動するのを避けるため、電源は落とした。
次の巡回の時間がきて、今度は一緒に夜勤を組んでいる職員が巡回に行った。
「ねえ、わかばちゃんのタイマー、切らなかったの?」
巡回から戻った同僚が、日誌に記入していたSさんにそう言った。
Sさんはキーボードを打つ手を止めた。
同僚によると、Tさんの部屋でわかばちゃんがずっと話していたらしい。
Sさんが先ほどの巡回のことを話すと、同僚も顔色を変えた。
「気のせいかも、電源を切ったって思っただけで……」
こわばった空気を和らげるようにSさんは言って、二人でTさんの部屋に向かった。
Sさんが明るくそう言っても、二人の足取りは重かったという。
Tさんの部屋のドアに手をかける。
と、中から――。
「もう見ないで、堪忍して堪忍してよ寝かせてよ……お願いよ」
とTさんのつぶやきが聞こえてきた。
同僚とともに、慌てて部屋に入る。Tさんは目をつむったまま呻いている。
わかばちゃんは何も言わず、ただTさんを見つめているだけだった。

「さすがに気味が悪いでしょ。で、わかばちゃんをホールに持っていこうとしたら」

持ち上げられなかった。

介護用人形の重量は大体一キロ前後なのだが——まだ若いSさんが腰に力を入れないと持ち上げられない重さに感じられた。

「持ち上げたあとは、ふっと軽くなったんですけど——あの異常な重さ、動けない入居者を持ち上げるような、そんな感じで……」

わかばちゃんは誤作動が多いため、故障の疑いあり、ということでメーカーに送られた。

それからまもなく、Tさんが亡くなった。

あの一件以来、Tさんの部屋に介護用人形は置かれなくなったのだが——。

Tさんは亡くなるまで、もう見ないで、寝かせてよと呟いていたという。

「重い持病もあったわけじゃなく、年齢の割にお元気だったんですけどね……」

わかばちゃんは故障個所なし、ということで施設に戻ってきたが——今は倉庫に入れられたままになっているという。

プレゼントの人形

いつのクリスマスかわからないが、人形をもらった。

誰がくれたのかおぼえていない。両親に訊くと、あげたおぼえがないと言う。お祖母ちゃんはぼけてしまって確かめられないが、たぶん違う。お祖母ちゃんの趣味はもっとファンシーだった。

彼女がもらったのは端正な顔の南の島っぽい木彫りの人形。およそクリスマスらしさはない。今はどこにあるのか、たぶん捨ててしまったのだろう。

残っているのは一枚の写真だけだ。

人形を抱いた彼女と、クリスマスツリーが写っている。背後のカーテンは今も実家の窓に掛かっているのと同じ木の葉柄だ。

フィルムは現存せず、プリントの裏に〈メリークリスマス！　喜美とお人形。自宅にて〉と走り書きされている。だが家族の誰の字にも似ていない。

それに彼女の名前は晴美であって、喜美ではない。


この人形に関して、晴美さんにはひとつの記憶がある。

たぶんこの写真の年齢くらいの頃に、叔母と従弟と一緒に海水浴に行ったことがあった。県内の、何度か泳いだことのある海水浴場だ。

幼い従弟たちは波打ち際をはしゃいで駆け回り、叔母は彼らの世話に追われている。

叔母たちと離れて晴海さんは一人で海に入っていった。

浮き輪をつけて、水にぷかぷか浮いて遊んでいると太陽が顔の真正面に来た。

まぶしくて一瞬世界が白く飛ぶ。

そこへ背後から波がかぶって、晴美さんは少しあわてて水面を手で掻いた。

すると硬いものが指先に触れたので、なんだろうと握ると、むこうもぎゅっと握り返してくる。

人の手だったのかと思って、あわてて手を離したけれど相手は彼女の指先を掴んだままだった。

浮き輪ごと向きを変えて、晴美さんは相手のほうを見た。

彼女と並ぶように仰向けに水に浮かんでいたのは、あの木彫りの人形だった。

ただ大きさがまったく違う。

目の前の人形は晴美さんの背丈と同じくらいあった。

まるで一緒に海に遊びに来た友達のように、並んで手をつないで波間に浮いているのだ。

人形は黒い顔をこちらに向けていた。

端正な顔立ちの口元から、生きた人間のような歯が覗いているのが見えた。

必死で手を振り払おうと暴れている晴美さんを見て、溺れているのかと思って集まってきた大人たちに彼女は助けられた。

岸へ運ばれていくと、叔母が顔色を変えて飛んできたという。

晴美さんは大きな木彫りの人形のことを泣きながら話したが、誰もそんなものを見たという者はいなかった。

溺れて錯乱した彼女がそんな幻を見たのだろうと叔母は両親に説明したようだ。

ただ、その日海の家で洋服に着替えるとき気づいたのだが、彼女の水着の肩紐の下には、歯型のような小さな痕がついていた。

痕は中学に上がる頃まではうっすら青く残っていたそうである。

人形

女性のマッサージ師である深井さんが、以前、東京のマッサージ店に勤めていたときに体験した話だ。

その店はビルの二階にあり、近くに大きなデパートがあるおかげで人の流れが良く、なかなか繁盛していた。

ある日、深井さんの店に二人の客がやってきた。

一人は七十歳くらいの老人、もう一人は恐らく十代後半の少女。

老人は高そうなスーツを身に着け、黒光りする立派な杖を持った紳士風の男性。

年齢の割には肌の血色が良く、背筋もピシッと伸びていてとても元気そうだった。

「これから二人、揉んでもらえるかな?」とニコニコしながら訊いてきた。

少女は黒いコートにベレー帽を被っていた。

老人とは対照的に顔色は真っ白で、無表情で絶えず俯き気味、口数も少ない。

深井さんは少女の綺麗な白い肌とわざとらしいくらい整った顔立ちを見て、まるで精巧に作られた人形のような印象を受けた。

二人の関係は一見すると、お爺さんとその孫娘に見える。

しかし二人の会話はまるで交際している男女のもののように聞こえた。

その時点で深井さんは、「気持ち悪い」と思った。

老人はよほど楽しい気分なのか、入店してから絶えず喋り続けていた。

二人は六十分のコースを選び、老人は他の男性スタッフが、少女は深井さんが受け持つことになった。

個室に入って少女に俯《うつぶ》せになってもらうと、「どこか凝っているところや、辛いと感じている身体の箇所はありますか？」と訊いた。

すると少女はちょっとだけ考えて、「身体全部」と答えた。

「では、全身を隈なくほぐしていきますね」

佐藤さんは手始めに少女の背中に触れてみた。

すると彼女の身体がまるで冷蔵庫に保存されている肉のように冷え切っているのが、着ている服の上から深井さんの掌に伝わってきた。

「普段からこんなに身体は冷たいのですか？」

しかし、少女は深井さんの質問には答えなかった。

隣の個室から、老人の大きな声が聞こえてくる。

「いやぁ、こんな歳になってあんな若い娘と付き合えるなんて長生きはするものです」

やはり、少女と老人は男女の仲らしい。

深井さんは再び気持ち悪いと思いながらも、少女のマッサージを続けた。

少女の身体は異常に冷え切っている以外にも、おかしいところがあった。

深井さんに言わせると、「筋肉を押しているというより、骨組みに張り付いたゴムを押しているみたい」ということだった。

詳しく言うと、「生物としての温もりと若い女性特有な肌の張り、肌の下にある脂肪の柔らかさが感じられない。更に構造的に筋肉の走行を無視し、関節や靭帯が存在しない等身大の少女のゴム人形をマッサージしているみたい」だと。

深井さんは呼吸をするたびに身体が上下するのと、皮膚の下にうっすらと血管が見えることで、辛うじて少女が生きている人間だと確信できた。

「こんなお客さん、というか人間を揉むのは初めてだわ……」

六十分が過ぎてマッサージが終わると、個室から出てきた老人は、「うーん、気持ちよかった、ありがとう！」とお礼を言い、相変わらず溌剌《はつらつ》としていた。

少女も「ありがとうございました、気持ちよかったです」と言ったが、その言い方はどこか機械的で、表情も来たときと全く変わっていなかった。

会計を済ませた老人と少女が店を出て、階段を下っていった。

そのとき、深井さんは階段を下りる足音が、一つしか聞こえないことに気が付いた。

古いビルなのでよく音が響き、その差が分かるのだという。

深井さんが店を出て階段下を見下ろすと、ちょうど老人と少女がビルから出るところだった。

少女が階段を下り切るとき、深井さんは少女の足が階段や床から浮いており、まるで滑るようにビルの出入り口から出ていくのを確かに見た。

「何者なのよ、あの娘……」

深井さんの手には少女を揉んだ感触が残っていたが、気味が悪くてその後、何度も手を洗ってしまった。

それから一ヶ月ほどたったある日、老人と少女は再び深井さんの店にやってきた。

その日は店に、店長の高木さんという男性も出勤していた。

受付で立っていた深井さんは、老人の変わりようを見て驚いた。

身なりは前回と同じく、小綺麗なスーツで決めているが、顔色が異様に悪い。

肌の色が土色、頬が痩《こ》けて顔全体が細く見える。

またピシッと伸びていた背中も随分と丸くなり、足元も少しふらついていて一人で歩くのには不安定な様子だった。

それでも、老人は嬉しそうに、「今日も頼むよ」と笑顔で言った。

少女のほうは相変わらず無表情で口数も少ない。

だが老人と違って前回よりも顔の血色が明らかに良い。

そのときの少女を見て、「触ってみたら、絶対に前回よりも身体が温かいはず」と深井さんは思ったそうだ。

「誠に申し訳ありませんが、本日は先の先まで予約が入っていまして……」

予約など入っていないのに、なぜか店長は老人に嘘を吐いて入店を断った。

「そうなのかぁ、それは残念。また来るとしよう」

老人と少女は店から去っていった。

階段を下りる足音はやはり一つだけだったが、深井さんはそれを確認する気にはなれなかった。

「どうして嘘まで吐いて断ったのですか？　確かに気味の悪いカップルですけど」

疑問に思った深井さんは店長に訊ねた。

普段はどんなお客さんでも、最高の笑顔で最高のマッサージを提供するのが、店長のモットーだったからだ。

「いや、深井さん、特に理由はない。強いて言えば長年この業界で食ってきたカンだよ、カン。あの客、特に女のほうは危ない。ああいうのを店に入れると喰われる」

「喰われるって……」

「店を潰したくなかったら、今度からあの客達は断ってよ、絶対に」

なぜか額から冷汗を流しながら、店長は深井さんに厳命した。

深井さんはそれ以上追求せず、逆に今度からあの二人を店に入れずに済むと思うとホッとした。


それから一年ほどして、深井さんはその店を辞めた。

その一年の間に、あの老人と少女は店には来なかった。

辞めて暫くしてから、深井さんは用があって店の近くまで来る機会があった。

「店長達、元気かな？　何か差し入れしてあげよう」

用事を済ませた深井さんは、元同僚達にお菓子でも買っていこうと思ってデパートへと向かった。

デパートの近くまで来たとき、深井さんは見覚えのある姿を見つけた。

黒いコートにベレー帽を被ったあの少女。

少女は老人と腕組みをしてこちらに向かってくる。

老人は裕福そうな身なりをしていたが、店に勤めているときに少女とともにやってきた人物とは違っていた。

深井さんはその場に立ったまま二人を見つめていた。

少女の歩き方が変だった、と言うか少女は足を動かしていない。

少女の両足はだらんと垂れ下がり、辛うじて爪先が地面に付くか付かないかの状態で、浮かぶように前に進んでいる。

その様子は二人一緒に歩いているというより、まるで少女の形をしたガス風船と腕組みをしている老人が、一人だけで歩いているように見えた。

腕を組んで一緒に歩いている老人は、そのことに気付いていないか、気にしていない様子だった。

明らかに異様な光景なのに、二人とすれ違う人々も全く関心がないようだった。

顔色の悪い老人は心の底から嬉しそうに笑っている。

そして、笑いすぎて少し咳き込んだ。

少女はそれに対し、無表情で少し頷くだけだった。

やがて、立ち尽くしたままの深井さんの横を二人が通り過ぎていく。

少女は深井さんのほうを向き、初めて微かに笑った。

そのとき、少女は深井さんに向かって小さな声で何か呟いたが、その全身が凍り付くような笑みがとてつもなく恐ろしく、自分が何を言われたのか今も思い出せない。

深井さんは今でもたまに、デパート近くで少女を見かけることがある。

少女と一緒に歩いている老人は毎回違う人物だという。

お茶会

子供の頃、美苗さんにとって人形がしゃべるのは当たり前のことだった。

海外出張の多い父親が土産にくれた、種類や大きさのまちまちな人形が家の中を部屋といわず階段といわずにぎやかに飾っていた。それらは一人ずつ性格が違っていて、話し出すと止まらない子や人なつこい子もいれば、返事もろくにしない不愛想な子もいた。ぬいぐるみの子熊や猿はいくら話しかけても何も反応がなく、話し相手になるのは人間の形をしたものに限られていたという。

「外国の人形が日本語しゃべったの？　ってよく訊かれるんだけど、べつに話すのは何語でもないのよ。あたしが話しかけると頭の中に人形の考えていることがふわふわと直接流れ込んでくる感じなの」

母親が留守の日は好きな人形を集めて、床にテーブルがわりのクッキー缶を囲んでお茶会を催した。

メンバー選びにあたっては「口の悪い」人形や「怒りっぽい」人形はおのずと敬遠しがちになる。

とくに苦手だったのは、赤毛のひょろっとした手足の長い男の子の人形で、性格がどうだという以前にとにかく「何を言っているのかわからない」のだという。

「その子からは、ラジオのチューニングをめちゃくちゃに動かしているようないやな声しか聞こえてこないんです。それもずっと喋りっぱなしで、あたしの存在がないみたいに一人で完結してて、すごく疲れるの」

しかし、なぜか美苗さんの母親はその人形をとても気に入っていた。戸棚のいちばん目立つところに置いたり、飼い犬と並べて写真を撮ったりしていたという。

その中の一枚に美苗さんの大嫌いな写真があった。

母親に言われるままに庭の隅にしゃがんだ愛犬のメリーが、赤毛のその人形と写っているスナップ。

人形の顔がひどく歪んでまるで犬の尻に向かって悪態をついているみたいだった。

それを撮ってしばらくしてメリーの妊娠がわかった。

両親が当時そのことで言い合いをしたり、何か家庭に険悪なムードが漂っていた記憶がある。

「その頃はよくわからなかったけど、メリーのお腹の子の父親が不明だったのよね。放し飼いにされてる犬なんてそのあたりに全然いなかったし」

メリーのお腹はだんだん膨らんでいるように見えたが、美苗さんが楽しみにしていた子犬の顔は見た覚えはない。

いつのまにか妊娠自体がなかったことになっていた。

「それで、その赤毛の人形なんだけど」

美苗さんはしだいに人形だけでなく、家に遊びにきた友達との「お茶会」も楽しむようになっていた。

「だれか家に人がいるときは、みんな普通におとなしくしてるものなんですけど、その赤毛の子はおかまいなしに大騒ぎしてるから閉口しちゃうの」

友達を呼んでいるときなど、ほかの人形は行儀よく無言ですましているのだが、赤毛の人形は不規則に奇声を上げたり、泣きまねのような音をずっと続けていると思ったら急にげらげらと笑い出したりする。

美苗さんは冷や冷やして、テレビの音量を上げたり、好きなアイドルのCDをかけたりして誤魔化していた。

でもみんなはそのことに気づいていないようだった。

ただ一人、はじめて家に呼んだ同級生のマナミちゃんは絵本をめくる手をとめて振り返り、赤毛の人形のところに近づいていった。

「あなた、人間だったことがあるのね」

そう話しかけたのだという。

「そんなこと考えたこともなかったから、すごくびっくりしちゃった」

マナミちゃんは困ったような顔をして美苗さんを見た。この男の子は昔かわいそうな目に遭ってるはずだから、ちょっとぐらい悪いことをしても大目に見てあげていいかもね。いい子いい子してあげる。そう優しい声で言いながら小さな手で赤い髪をていねいに撫でている。

人形からは風船に思いきり息を吹き込んで割ったような破裂音が連続していくつも響いてきた。

美苗さんはますますその人形が嫌いになったという。

小学四年生のときに両親が離婚し、美苗さんが母親の実家に一緒に移ったときにはなぜかあんなにたくさんあった人形が一つもなくなっていた。

父が持っていったとは思えないから、引っ越す前に母親がまとめて処分したのかもしれない。

「ほかの子はともかく、あの赤毛の子だけは、あんなに執着してた母が捨てるなんてちょっと考えられない感じだったけど」

母親もじつは、ひそかに何か不穏なものを人形から感じとっていたのかもしれない。

美苗さんは今ではそんな気がしているという。

柱時計とロボット

地方都市に住む男性、Yさんの話である。

ある日、Yさんは風邪をひいたので、久しぶりにかかりつけの病院を訪れた。

早めに来たのだが、はやっている病院だけあって、待ち時間は長い。

気付けば、昼近くになっていた。

待合室にある大きな古い柱時計がボーン、ボーンと十二時の鐘を鳴らした。

「こんにちは！」

聞き慣れぬ声が待合室に響いた。

子供の声にも似ているが、機械音声であることはすぐにわかった。

大きな柱時計の横に、白いロボットが置いてある。

丸みのある逆三角形の顔に大きな目。胸にはモニターがついている。人の手を模した両手に、裾の長いスカートを履いているような下半身。

大手通信会社が販売、レンタルを手掛けているロボットだ。

「そこの先生、新し物好きだから患者さんの暇つぶしに置いたんでしょうが」

しかし、患者のほとんどが慢性疾患で通う高齢者向けの内科病院である。

「おじいちゃんおばあちゃんは照れもあるのか、ほとんど話しかけないんですよね」

人に話しかけられないせいか、白いロボットは鐘の音が鳴るまで無言だったという。

だからYさんもその存在に気付かなかったのだ。

「今日はいい天気だね！　遊びに行くの？」

柱時計の音が自分への声掛けだと勘違いしたロボットは、しきりに柱時計に話しかけている。ちなみに、その日は空一面の曇天で、冷たい雨の降る日だった。

「言っていることもてんで間違っているし、話しかける相手が柱時計ですよ」

相当放置されていたんだろうな、とYさんは思ったという。

柱時計にひとしきり話しかけた後、ロボットは待合室の天井を見つめて固まった。

Yさんが視線を前に戻すと、Yさんの前の席に女性が座っていた。

「突然現れたので驚きましたよ。音なんかしなかったし」

女性の後ろ姿しか見えないが、針金のように太い髪はボサボサで、擦りきれた衣服を何枚も重ね着している。

もともと太めの体型のようだが、重ね着のせいで雪だるまのように膨らんでいた。

音もなく現れたのにも驚いたが、それより不気味だったのは――。

「女の人が見てるのが、ロボットが見てるのと同じ場所なんですよ」

――今日はどんなお話ししてくれるの？

ロボットが虚空に尋ねる。そこには何もないので、もちろん返事などない。

柱時計の大きな振り子がゆっくり動く音がやたらと大きく聞こえた。

「あはははは」

Yさんの肩が驚きで跳ねた。

誰かの返事を聞いたかのように、ロボットが笑っていたのだ。

感情の伴わない笑いは、やたら冷え冷えとした空気で待合室を満たした。

「君って本当に面白いね！　あはははははは」

ロボットの笑い声が響く。

Yさんの前の女も天井を見て笑っている。まるで、誰かがそこにいるように、口の間から
シュッシュッと空気の抜けるような音をさせながら――。

Yさんは、見てはいけないものを見た様な気分になり、目を伏せたという。

ちょうど看護師に名前を呼ばれたのを幸いに、Yさんは待合室から逃げるようにして診

察室へと入っていった。

診察が終わって待合室へ出てみると、女はいなかったという。

ただ、ロボットは虚空を向いたまま固まっていた。

「今でも、あのロボット、待合室にいるんですよ。誰も相手にしないんだから、返却するなり、修理するなりすればいいのに——放置されたままだからひどくなって」

Yさんは言葉を切った。

「天井を見てずっと笑ってるんですよ。あはははははって」

Yさんはその病院に通うのをやめたという。

むかしのいえ

K氏は昨年、実母を看取っている。

女手ひとつで自分と姉を育ててくれた優しい母だが、晩年は認知症を患い日常生活がままならなくなった。とりわけ苦慮したのが徘徊である。深夜あるいは早朝にふらりと家を出て、行方が知れなくなるのだ。

健脚であったのも災いし、母は信じられない距離を歩いた。土地勘がないはずの隣町を歩いていたことも、十数キロ先の駅前でぽつんと地べたに座っていたこともある。何度かは警察官に保護され、パトカーで自宅に戻ってきた。

このままでは、いずれ最悪の事態を迎えるのではないか——K氏はそれを懸念して、業者に門扉と外塀の改修を依頼した。容易に乗り越えられぬようブロックを高く積み、門扉を二重に設置し、それぞれに太い錠前を取りつけたのである。

「玄関は施錠できませんでした。結婚以来母が暮らし続けてきたこの家を……正確には改

築しているので二代目の家ですが……牢獄に変えてしまうような気がして」

ところが——改修を終えて数日後の深夜、母が忽然と消えた。

寝床は空になっており、台所にも手洗いにも姿がない。慌てておもてに出てみたが、門扉の錠前はかたく閉まっていて、外塀も異常は見られなかった。

常識的に考えれば母は家にいる。しかし、いない。

意味がわからなかった。

あまり騒ぎにしたくはなかったが、翌朝になっても発見できなければ捜索願を出すしかない。焦る気持ちを抑えつつ、母の姿がないか門扉ごしに路地を見つめていると——背後から声をかけられた。

「あんた、ここでなにしとんの」

寝巻き姿で裸足の母が、心配そうな顔でこちらを見つめている。

「それはこっちの科白《せりふ》じゃ。どこにおった」

肩を揺さぶって訊ねたものの、母はいっかな要領を得ず、

「おったよう。ずっと家におったよう」

しまいには叱られたと思ったのか、おいおいと声をあげて泣きだした。

このままでは近所迷惑になる。追求を諦めて家へ入るよう促した、その矢先。

K氏は、母がなにかを握りしめているのに気がついた。

やさしく諭しながら掌を開かせてみれば、出てきたのは一体の人形であった。

古布を赤糸で縫いあわせただけの代物で、あきらかに市販の玩具ではない。お手玉をふたつ繋げ、申しわけ程度に手足をくっつけたような身体。極端に大きい頭には、目も鼻も見あたらなかった。

お世辞にも可愛らしいとはいえない布人形――K氏は見おぼえがあった。

これはたしか、子供のころに母が自作してくれたものだ。

玩具を買ってやれない息子のために、はぎれを縫ってくれたものだ。

そして――あるはずのないものだ。

この人形を母からもらってまもなく、家は全焼しているからだ。

人形どころか家財道具も冷蔵庫もテレビも学習机もお父さんも燃えてしまったからだ。

手を引いて寝室まで案内し、布団の上にぺたんと座らせる。

「これ、どこで見つけたん」

K氏の問いに、母は「家に決まっとるでしょう」と答えた。

「だから、家のどこで」

「茶箪笥の抽斗《ひきだし》に野球カードと一緒に入っとったよ。あんたが隠したんでしょうが」

「そんなもん、何十年も前に家ごと焼けたろうが」

「焼けてないよ。さっきも茶箪笥から湯呑みを出してお茶淹れたもの。ほら、信楽焼の赤い湯呑み」

「それは昔の家にあった親父の茶碗じゃろッ。とっくに炭になったわ」

「なんでそんな変なことばっかり言うのッ。やめてよやめてよ」

その後、何度訊いても母はかぶりを振るばかりで、まともな反応を得られなかった。

どうして母は昔の家にあったはずの人形を持っていたのか。

なぜ、ずっと前に焼失した昔の家へ行ったなどと言うのか。

なにも答えぬまま、母はまもなく寝たきりになって——逝った。

そうしたほうが良いような気がしたので、人形はそっと棺へ入れて荼毘に付した。

精進落としの席で、K氏は姉に一連の出来事を告白している。

しかし人形のくだりになった途端、姉は顔をしかめて、

「あんたが民宿の焼却場で拾った人形でしょ。私もお父さんも、汚れてるから捨てろって言ったのに〝やめてよやめてよ〟と泣いて嫌がるんだもの。で、あれがどうしたの」

そこでちょうど骨上げの報せが入り、会話はうやむやになった。

K氏には、そのような宿に行った記憶がない。

ぎょろ目

今から思えば、その家はどこかおかしかったのだと柴田くんは言う。

「Tさんは古い知り合いなんだけど家に遊びに行くような間柄じゃなかったんですよ。それがどういう話の流れだったか忘れたけど、その晩の飲み会の後Tさんの家に行くことになって」

最初は別の友人も同行するはずだったが、気が変わったのか途中でいなくなってしまった。

T氏と一緒にタクシーに乗ったのは柴田くんだけであった。

「Tさんはですね、ちょっと変わった人なんです。ぼくより二回り上で六十歳くらい、仕事は何か音楽関係のディレクターだって聞いてますけど、わりと私生活が謎な人で」

一昔前に人気アイドルを手掛けて白亜の豪邸に住んでいる、などと噂されていたが、タクシーが横付けされたのはブロック塀に囲われたごく庶民的な家の前だった。

「でもまわりは豪邸まではいかないけど、趣味のいいデザインの家が多いわりと金持ちそうな住宅地だったんです。Tさんの家だけが妙に庶民的で浮いてる感じでした」

ドアの鍵を開けたT氏が先に入って玄関の明かりをともす。どうやら家の中には誰もいない様子だった。

「ただ暗いだけじゃなく玄関に靴が妙に少なくて足もとががらんとしてたり、あと家の中の空気が澱んでるっていうのかな。単に人がいないだけじゃなく、長い間誰も帰ってない家みたいに感じたんですよね」

スリッパの用意もない廊下を促されて進むと、柴田くんはリビングに招き入れられた。

部屋の電気がつくと、まず壁に掛けられた白い時計が目についた。

「おや、と思ったのはその時計、七時ちょうどを指してたんですよね。そのときはもう零時近かったから止まってるんだと思ったけど、その後見るたび少しずつ動いてるから止まってないんです、ただものすごく遅れてるだけで。そんなに遅れるまで放置してあったのも、なんか人の住んでない家みたいだなと思って」

柴田くんはなんだか酔いが醒めてしまったような気分で、居心地の悪さを感じ始めていた。

だからT氏が酒を用意してくれると、水割りの氷がほとんど融けないうちに三杯続けてグラスを空けた。

いくらか落ち着いてあらためて部屋を眺めれば、床に新聞や雑誌が積まれていたりと殺風景なリビングの隅には、赤い服を着た女の子の人形が転がっていた。

「たぶん着せ替え人形でもバービーとかああいうちゃんとしたのじゃなくて、安物っぽい人形です。それが置いてあるんじゃなくて、誰かが投げ出してそのままって感じに落ちてたんですね」

柴田くんはその人形を見て、T氏に関する「奥さんや子供に暴力をふるって怪我を負わせ離婚訴訟を起こされている」という噂のことも思い出していた。

「でもTさんもういい年ですし、子供もそんな人形で遊ぶ年齢じゃないような気がして、なんか気になってちらちら見てたんですよ」

T氏はさほどお喋りではないが無口でもなく、会話がとぎれて白けるようなことはなかった。淡々と共通の知人のことなど話していたら、時計の掛かっている壁の向こうで物音がした。

「何か積んであったものが崩れたみたいな、それもけっこう派手に崩れた感じの音だったんですね。だから思わずそっちを見たんだけど、Tさんはまるで気にしない様子で話を続けてる。だからぼくも気にしないようにしようと思って前を向いたんだけど」

そのとき視界に入った赤い服の人形が、さっきとは違う位置にあるような気がしたという。

それに顔の向きも変わっていて、先ほどまでは横顔が見える程度だったのに今はこちらに正面を向けていた。

顔全体の中で目だけがやたらと大きく、ちょっとありえないくらいのぎょろ目だ。

思わずじっと見てしまうと、ふたたび壁の向こうで音がする。

今度は物が崩れる音ではなかった。

「うまく言えないけど、なんとなく音をたててる物じたいはさっきと同じかな、という気がしたんです。ただ今度は崩れてるんじゃなくて、しいて言えばさっき崩れた物を、誰かが乱暴にまた積み上げてる感じの音っていうのかな」

「おうちに今誰かいらっしゃるんですか？」

思わず柴田くんはそう訊ねてしまった。

だがT氏は「いや、いないよ。どうして?」と不思議そうな顔で聞き返してくる。

その表情はとぼけているようには見えなかった。とはいえ、こちらも酔っ払っているから判断力には自信がない。

隣の部屋に誰かいるのか、それとも誰もいないのか。柴田くんはどうにも気になってしまってT氏との会話も上の空になっていた。

「そのとき、床に落ちてる人形の目玉が動いたんですよ」

赤い服の人形のぎょろ目が、物音のした隣室との境の壁に向けられたのである。

柴田くんは思わず「えっ」と声を上げて椅子から腰を浮かせた。

T氏は話を止めて、柴田くんの視線を追うように後ろを振り返った。

「あっ」

今度はT氏がそう小さく声を上げたという。

その瞬間、人形の目がぐりっと動いてT氏のほうを見た。

すると壁の向こうの物音が変わり、また物が崩れるような音がした。

ふたたび人形の目玉が動いて壁に向けられた。

T氏がそれを見てふたたび「あっ」と小声を上げる。

するとまた人形の目玉がT氏のほうを向く。

それからはずっとT氏と人形が見つめ合っている状態が続いた。

その異様な緊張に耐えられなくなった柴田くんは立ち上がり、

「ちょっとぼく明日も早くてあれなんで、そろそろお暇《いとま》しますね！」

とかなんとか適当なことを言いながら駆け足で玄関に向かった。

T氏からは引き止められたり、声をかけられることもなかった。廊下は来たときと同じようにしんと静まり返っている。

慌てていたので靴がうまく履けず、焦りながら顔を上げるとまっすぐ伸びた廊下の真ん中あたりに人形が立っていた。

だが赤い服はぼろぼろに切り裂かれて焦げ跡もあり、両目の位置には二つの暗い穴が開いていたという。

どうにか大きな通りに出てタクシーを捕まえると、柴田くんは夜明け前に自宅に帰り着くことができた。

翌朝になって冷静に考えると、タクシーの料金が妙に安かったのが気になってくる。

「たっぷり一時間は乗ってたと思うんだけど、財布の中身が二千円くらいしか減ってないんですよ。行きのタクシーでTさんが運転手になんて告げてたかも覚えてないし、いったいあの家がどこにあったのかさっぱりわからないんです。領収書もらっとけばよかったなと思って」

その後T氏を遠くから見かけたことはあるが、とても話しかける気にはならなかったそうだ。

案山子の腹

陽子さんが中学生の頃の話。

うちのマンションは飛び降りが多くて屋上に行く階段が塞がれてたんだけど、ある日友達と鍵を壊して侵入したの。

その子は壊すの得意だったから。そしたら階段からの出口の正面にお巡りさんがいたから、すっごく焦って逃げようとしたら「人形だよ」って友達が言って。

よく見たらマネキンに警官の制服着せて給水塔の脚元のところに立てかけてあるわけ。案山子《かかし》みたいなもの？　そんなのに脅かされて恥かいたし、頭に来ちゃったから警官の制服全部をひん剥いて、裸にしたマネキンの腹にペンで「死んじまえばか」って書いて帰ってきたんだよ。

それからしばらくしたらまた、屋上から飛び降りがあったのね。若い専門学生かなんかの男の人だったけど、その死んだ人の腹に「死んじまえばか」って書いてあったらしいの。

友達とその話をして、これすごくやばいんじゃないって話してぶるぶる震えたんだけど。あのときマネキンから脱がせた制服はどこに捨てたのか、あたしもその子もどうしても思い出せないんだよね。

あのマネキンって、ほんとに屋上にあったのかなあ。

人形　二話

辰夫君の通う中学校の美術準備室には、気味の悪い人形が三体、置いてある。

それは粘土で作られており、過去にこの中学校内で亡くなった三人の生徒達を模した人形だった。

理科室で首を吊った女生徒、階段から転倒して頭を打って死んだ男子生徒、部活の途中で突然死した野球部のエース。

人形はそれぞれの生徒の亡くなった直後の顔を忠実に再現していた。

人形を作ったのは辰夫君が入学する以前、学校に在籍していた若い男の美術教師。

陰気で人付き合いが悪く、生徒と教師の両方から疎《うと》まれていたので、すぐに辞めてしまったらしい。

その際若い美術教師は、頼まれもしないのに三人の気の毒な生徒達をモデルにした粘土人形を置き土産にして去っていった。

三人の生徒の死に顔を直接見ている古参の教師達は、その人形の顔があまりにも精巧に再現されているのに驚愕したという。

若い美術教師が生徒達の死んだ直後の顔を知っているはずがないのに。

彼がどうやって生徒達の顔を粘土人形で再現したのかは謎のままだ。

更に辰夫君は、そんな不謹慎で気味の悪い人形を片付けずにいつまでも美術準備室に置いておく学校側の考えも謎だと言っていた。

現在も三体の人形は生徒達が自由に見て触れることができる。

*

麗香さんは中学校の修学旅行でとある旅館に泊まった。

そして彼女は、あてがわれた部屋に入るなり憤慨した。

「今時、こんな物を飾っておくなんてどれだけ時代遅れなの？」

部屋の床の間には、ガラスケースに入った女性の日本人形が置かれていた。

朱色の艶やかな着物を着た女性は、両手を上げて踊りを踊っているようだった。

「私、日本人形って気味が悪くてどうしても好きになれない。夜とかに中途半端な明かりに照らされると余計に怖い」

しかも、人形の右手は手首の所から無残にもげていた。

麗香さんは先生に抗議したが、「旅館の物だからどうしようもない」と一蹴された。

「麗香、寝るときは人形から一番離れた場所で寝ていいから……」

同じ部屋に泊まる他の同級生がそう言って、人形嫌いの麗香さんをなだめたので、彼女は渋々黙ることにした。

夕食後、風呂に行く時間になったが麗香さんと特に仲の良い友里恵さんが、熱を出してしまった。

麗香さんは他の同級生を先にお風呂に行かせると、自分は友里恵さんを見守るために部屋に残ることにした。

友里恵さんは静かに布団で眠っていた。

麗香さんは部屋の隅で携帯電話をいじりながら、時々友里恵さんの様子を見る、といったことを繰り返していた。

なるべく右手のない日本人形を視界に入れないように。

そして、姉に対してメールを書いている間に麗香さんも眠ってしまった。

目を覚ますと布団に寝ているはずの友里恵さんが消えていた。

更に日本人形もケースの中から消えていた。

怖くなった麗香さんが部屋を出ようとすると、ドアの前に誰かが座っている。

友里恵さんが虚ろな目をしたまま、あぐらを掻いていた。

「友里恵、どうしたの?」

麗香さんは恐る恐る訊いたが、友里恵さんは無言のまま。

「何か様子がおかしいから先生呼んでくるよ、そこどいてくれる……?」

すると友里恵さんはスッと部屋の奥を指差した。

麗香さんが後ろを振り向くと、友里恵さんが寝ていた布団の中から、何かが彼女達を覗いている。

その〈何か〉は、布団を跳ね除けると麗香さんのほうに向かってきた。

恐ろしかった麗香さんは頭を抱えてその場にしゃがみ込んだ。

向かってきたのは、朱色の着物を着た女だった。

女は右手が切断され、血を流したままの状態にも拘わらず、満面の笑顔で麗香さんに覆い被さるような勢いで走ってきたという。

暫くして何事も起きなかったので、麗香さんは顔を上げた。

友里恵さんは布団の中で小さな寝息を立てながら眠っていた。

人形もケースの中に納まっている。

麗香さんが呆然としていると、お風呂に行った同級生達が帰ってきた。

麗香さんは同級生達に今起こったことをやや興奮気味に話し、先生に違う部屋に泊まらせてもらうよう頼みにいくと言った。

しかし、同級生達は暗い顔をして麗香さんに次のことを告げた。

「お風呂で他の子達から聞いたんだけど、あの手首のない人形、この旅館の全部の部屋に置いてあるらしいよ」

嫉妬

Oさんは子供の頃、人形遊びが好きだった。


目の大きい赤ちゃん人形。

パーマのかかった猿顔の人形。

ニッコリと笑った男の子の人形。

金髪が美しい八頭身の着せ替え人形。


他にも似たような人形やぬいぐるみは複数持っていたが、特にこの四体はお気に入り。

人形遊びの主役として一緒に並べては〝友達同士〟という設定で遊ばせていた。

そのうち、近所の同い年の女の子と仲良くなり、外で遊ぶことが多くなっても、一人でいる時は必ずといっていいほど、それら人形との一人遊びを繰り返したとのこと。

雨の多い季節だったという。

Oさんはいつも一緒に遊んでいた女の子を自宅へ招き、自慢の人形達を紹介した。

すると女の子は金髪八頭身の着せ替え人形に目を留め「これ！　私も持ってる！」と声をあげた。間もなく彼女は自宅へ戻ると、自分の人形を持ってきて「ほらこれ！」とOさんに見せる。

全く同型の人形。

それぞれが持っていた衣装を、お互いに着せ替えあっては笑いあう。

いつしかそれがOさんにとってのスタンダードな人形遊びのスタイルになった。

残りの三体に触れることは殆どなくなり、着せ替え人形だけを常に綺麗に、大事に扱うようになったそうだ。


やがて、彼女も大きくなり、そのうち人形遊びそのものをしなくなった。

いつの頃か定かではないが、たくさん持っていた人形を処分することになった際〝友達同士〟だった四体だけは、綺麗な箱に入れて残した覚えがあったと語る。

母親から「引っ越すことになったから家にあるものを整理するように」と連絡があったのは、Oさんが結婚し、新生活を開始して数年が経った頃。

休みを利用し何回か実家に通ううち、彼女は押し入れの奥から四角い木箱を見つけた。

幼い頃に何度も遊んだ四体の人形を入れた箱だった。

懐かしい気持ちと共にフタを開ける。


目の大きい赤ちゃん人形。

パーマのかかった猿顔の人形。

ニッコリと笑った男の子の人形。

そして、金髪がむしり取られたようになった八頭身の着せ替え人形。


箱の中に散らばった着せ替え人形の金髪。

ドレスは破かれたようにボロボロになり、左目はかすれて片目になっている。

いがぐり頭になった着せ替え人形を見て、Oさんは思わず「死んでいる」と思った。

元々、人形に命などあるわけがない。

しかし、懐かしさと共に温かな気持ちで箱を開けたOさんの心を完全に凍りつかせるほどに、その人形はまるで〝死んでいる〟ようだった。

反対に他の三体は、あの頃と変わらず生き生きとした様子でOさんを見つめていた。

ただ、赤ちゃん人形は手に金髪を、猿顔人形はパーマに金髪をそれぞれ絡ませており、男の子人形が着ている服のポケットからは金髪がはみ出ていた。

悪びれる風でもなく、彼らはどこか誇らしげな様子ですらあった。

Oさんは悲鳴を堪えると静かにフタを閉じ、直ちに箱をガムテープでグルグル巻きにした後、燃えないゴミとして彼らを処理した。

その後、子宝に恵まれたが、自分の娘には人形を持たせないようにしたという。

八月二日生まれの人形

数年前に怪談イベントで知り合ったUさんから聞いた話。

子供の頃に、誕生日が設定されている人形を貰ったんです。

私と同じ、八月二日生まれっていう設定で、明るい茶髪でソバカスが描かれている人形でした。結構大きくて六十センチくらいあったと思います。

人形を受け取った時は嬉しかったんですけど、しばらくすると、その人形、本当は人形じゃなくって、人形のフリをしている何か違う生き物のような気がしてきて、途中から気持ち悪くって仕方なかったんです。

決定的だったのは、まだ小さかった妹の髪の毛を引っ張ってる瞬間を見てしまったところです。

人形も私の方を見て、あっ！　見られてしまった！　って顔していて。

そんな怖くて、動けて意地悪をする人形なのにですよ、翌年に親が、折角だからプレゼントした人形と私の合同誕生会をしようって提案をしたんです。

そんなの、人形と一緒に誕生日を祝うという発想だけで、嫌で仕方なかったから親に「人形が妹の髪の毛を引っ張ってたよ！　だから絶対に嫌だ」って説明したんですが、何度言っても信じてくれなくて。

私はそれから、親が人形の手下みたいになってしまったと、当時感じてしまったんで、人形をゴミ袋に生きた蝉と一緒に入れたんです。

一つ上の兄がいて、蝉取りが好きで、昼過ぎにはギーギーと鳴いてうるさい蝉で一杯になった虫かごが必ずベランダにはあったので、蝉はそこから調達しました。

蝉はいつも母が適当な時間に勝手に虫かごを開けて、逃がしていたので、兄は母がやったと思ったのか、空になった虫かごを見ても特に何も言いませんでした。

人形と一緒にゴミ袋に入れた蝉は、空気が十分に無かったからか、それとも他の理由があったのか、鳴くのを直ぐに止めて静かになってましたね。

ざまあみろって思って、蝉と人形入りのゴミ袋を押し入れに入れたその日の夕方に、いきなり家のブロック塀に車がドン!!　って突っ込んできたんです。

これには親も私も兄もびっくりして、外に飛び出して車を見たら、運転席にも助手席にも誰も乗っていなかったんです。

後日聞いた話だと、うちの家は坂道の下にあったから、サイドブレーキをかけていない車の事故だったってことらしいんですが、なんとなくあれは人形がしでかしたことのように思ってしまったんです……。

だってうちの家、古くって前にお爺ちゃんとお婆ちゃんが住んでいたんですけど、そんな事故あったのって、あの一度だけですよ。


その事故から時間が経って、私は押し入れの人形と蝉のことも忘れていたんです。

翌年、八月二日の誕生日に、ケーキのろうそくを吹き消したら、髪の毛をクイクイって引っ張られる感触がして、その瞬間、頭にあの人形のことが浮かんでしまって、ぎゃあって声をあげてしまって。

どうしたのって親に聞かれたから、私、誰かに髪の毛引っ張られたって伝えたんです。

そしたら、その頃には喋れるようになっていた妹が「お姉ちゃんの後ろに小さなおててが見えた」って言って。

あーやっぱり人形がやったんだなって。

その年の秋に、兄と子供部屋を分けるってことになって大掃除をした時に、押し入れも開けてゴミ袋に入れた人形も出てきたんです。

確か、母がゴミ袋から人形を取り出したと思うんだけど、蝉の死骸は出て来なくて、中には人形しか入ってなかったです。

でも、茶色の蝉だったものかも知れない粉みたいな欠片が入ってて、その時私はもしかしたら人形が蝉を食べたんじゃないかって思いました。

全部、子供の頃のあなたの思い込みでしょって、この話すると今まで必ず言われてきたんですけど……そうだったらいいんでしょうけど、どうしてもそう思えなくって。

こういう思い出があるから、今も実家が苦手なんですよね。

色々と言われるんだけど帰れないんです。あの人形は、まだ捨てられていないはずだから家のどこかにあるんです。

今はまだ、コロナの影響でって帰らない言い訳にしてるんですが、何か暗がりにいつもいるんです。

いつも……大きさもずっと六十センチくらいの何かが本当にいるんです。

消えた私と人形

講談師の旭堂南湖《きょくどうなんこ》さんがみんなと一緒に百物語を体験したいということで、Ｚｏｏｍを使ったオンラインイベント「怪談百物語」を企画開催してくれた。

私も語り部の一人として参加し、そこで人形に纏わる怪談を披露し、イベント終了時に、旭堂南湖さんから告知事項はありますか？　と聞かれたので、怪談を広く募集していると参加者の皆さんに向けて話したところ翌日、百物語の視聴者からこんな話が寄せられた。


「私が幼稚園の年中か年長さんだった頃の話で、もう三十年以上前の話になるんです。物凄い昔のことなんで、ほとんど覚えてないいんで両親から聞いた話なんですけど、その日は日曜日でおまけに私の誕生日だったんです。だからプレゼントを買うために両親とおもちゃ屋さんに行ったんですよ。

場所は、今はくずはモールになってますが、当時京阪Ｋ駅にあった、Ｍ屋です。

あの頃のデパートってなんかキラキラしてましたよね。よそ行きの服を着て、ガラス張りの大きなショーケースの中に飾られた食品サンプルを眺めた後で入る大食堂も特別な場所って感じで。

そこで私、ものすごく迷って着せ替え人形を選んだんです。

着替え用のお洋服が最初から三着ほどついていて、髪の毛が赤茶色のロングで目がぱっちりとしていました。他のことはかなり曖昧なんですけど、人形は入っていた箱の角が少し毛羽立っていたところとか、詳細まで覚えているんです。

その日は、片手で人形の箱を抱えながら食堂でランチを食べていたみたいで、随分と色褪せていますが写真が残ってるんですよ。

ご飯を食べた後、父親の買い物のために紳士服売り場に寄ってから、両親と一緒に三人でエレベーターに乗ったんです。

そして私が急にパッとその場で消えたらしいんです。手品みたいに瞬間的にパッと。

娘が消えたってことで両親は揃って、凄くびっくりしたらしくって。

エレベーターの籠の中で私と両親しか乗ってないし、隠れるような場所もないのに急に居なくなったんで、驚いた両親は一緒に乗ったのは見間違いだったのかなって思って、おもちゃ売り場の階に戻ってエレベーターの前を見に行ったんです。

でも、そこには私はおらず、人形の箱を抱いて人形やぬいぐるみがたくさん積まれた棚の前できょとんとした表情で立ってたそうです。

それから、今度はエレベーターを使わずに、エスカレーターで下の階まで下りたらしいんです。絶対に私を見失わないように、前と後ろの親が立ってサンドイッチにしていたんですよ。そして、デパートの外に出て駐車場に向かう途中、今度は両親が私の手をそれぞれが握っていたんですが、またパッと急に消えてしまったんです。

両親の手には汗ばんだ私の手の温かさがまだ残ってて、もう二人ともパニックになりかけたらしいんですけど、もしかしたら凄い速さで私が手を振り払って、どこかに隠れてるんじゃないかって思ったらしく、母はその場に残って辺りを探したんです。

道行く人が振り返るくらい大きな声で、私の名前を呼び続けて、母はその日喉が枯れてしまったと言ってました。

父はもしかしたらと思って、おもちゃ売り場の階に行ったら、今度は私が棚の前で俯せになって寝ていたらしいんです。その辺りのことは全然覚えてないんですけどね。父は寝ている私をぎゅうっと強く抱きしめたんで、痛い！　って言って起きたことはちょっとだけ記憶にあるんです。

家に帰ったら、母は私を膝に乗せてかぶさるようにずっと抱いてたんです。どこにも行かないようにって。けど、母親は暑いし重たいし折角の誕生日なのに鬱陶しいなあって当時の私が思っていたのか、凄いぐずりだして、今日買ったお人形で早く遊びたいって大泣きしたそうなんです。で、母親が買い物袋の横に置いてた、誕生日プレゼントに買った人形の箱に手を伸ばしたら、今度は箱が人形の入ったままパッと目の前で消えたらしいんです。

そのせいかどうか分からないんですが、私、ずっとどんなことがあっても人形だけは買っちゃダメって言われてきてて。でも、なんでかぬいぐるみは買っていいって。こういう話を親から聞いてたせいか、自分の子供が生まれた時も人形を買ったりしたことはないんです。

好きなアニメのキャラクターの人形とか欲しがるんですけどね、可哀そうだなって思っても買えないんです。目の前でもし、私がそうやったみたいにパッと消えたらどうしようと思うし、正気を保てる気がしないんです。

私が消えたのは、誕生日の二回だけで、M屋もそれっきり行くことなかったんですよ。他のデパートは連れてってもらったんですけどね。M屋の後に出来たKモールにこないだ行ってみて、当時の面影があるかなって期待してたんですけど、全く何も残ってなくてあれは悲しかったです。以上が私の身に実際に起こった体験談としての人形怪談です」

この話を聞いていた時、棚の上に置いてあったぬいぐるみが同じタイミングでぼたっと落ちた。拾い上げて棚の上に戻そうとした時に、いつもよりズシリと重いような気がした。

そのせいもあって、少しだけ人形の怪談を集めることに気が重くなってきた。

ポコ

「いかにも明治生まれの、無骨で寡黙な人でしたね」

A子さんは祖父の思い出を、そんな台詞で語りはじめた。

彼女が幼いころというから、四半世紀以上も前の話になる。

当時、彼女の祖父は同じ市内に古びた一軒家を借り、そこに独りで暮らしていた。

祖母とは半ば別居状態であったが、見るかぎり不仲でもない二人が別々に暮らしている姿は、A子さんにとって不思議でならなかったそうだ。

「祖父は戦地から帰ってくるやいなや、その家を借りて独りで暮らしはじめたそうです。父が子供の時分にはすでに別居していたけれど、理由は教えてくれなかったとの話でした」

偏屈な祖父ではあったが、初孫であるA子さんだけはたいそう可愛がっていた。

とは言っても、先述のとおり明治男である。溺愛などという概念自体がなかったのか、

それとも単に不器用だったのか、時おりA子さんを家へ招いてはインスタントラーメンや缶詰、気が向けば駄菓子を食べさせるのが祖父にとって精一杯の愛情表現だったらしい。

「戦中の名残なのか保存食が大好きな人だったんです。一度や二度なら良いけど、毎回インスタントと缶詰なんでウンザリしちゃって。だから、祖父の家へ行くのは苦手でした」

そしてもうひとつ、彼女には祖父の家を厭《いと》う理由があった。

「いつもね……ポコちゃんがいるんです」


祖父は、男児の赤ん坊を模した人形に「ポコちゃん」と名づけて、一日の大半を過ごす居間に置いては、事ある毎に話しかけていた。

「ぞっとするほど精巧な人形でした。産毛《うぶげ》がちゃんと生えていたり唇に艶があったりと、細部が生々しくって。ずいぶん高い品だったと思いますよ」

彼(と呼んで良いのだろうか)の定位置である幼児用の小さな椅子の手前には、大店の商家で用いられるような朱塗の膳が据えられており、子供用の小さな食器一式とともに、お菓子やジュースがいつも山と積まれていた。

「行くたびにお菓子が違いましたから、日毎に交換していたみたいです」

当初、彼女は滅多に顔を見せない孫の代替品として、ポコちゃんを寵愛しているのだと思っていた。遠回しな自分に対する当てつけもあるのかな、とやや心苦しかったそうだ。

「あ、違うかもって感じたのは、小学二年生の放課後でした」

その日、路地で級友と縄跳びに興じていたA子さんは、祖父の家が近所であるのを思いだし「お菓子貰いに行こうよ」と、級友に持ちかけた。

玄関の鍵は開いていたが、祖父はあいにくと留守だった。友人を誘った手前、このままでは帰り辛い。悩んでいた矢先、彼女はポコちゃんの膳から失敬すれば良いのだと閃いた。

級友に「待ってて」と言い残し、居間へ向かう。

薄暗がりに、普段と変わらぬ姿勢でポコちゃんが座っていた。

膳の上には相変わらず、ラムネ菓子やビスケットが山と積まれている。

ちょっと貰うだけだから。ね、ね。

ラムネ菓子をひとつまみとビスケットを二枚、ポケットに入れて家を出た。

「ところがその晩、祖父が物凄い剣幕で我が家に怒鳴りこんできて」

祖父はA子さんを見るやいなや「年下の子供からお菓子を盗むとは何事かっ」と叫ぶと思い切り頬を平手で打った。

「痛いよりも驚きで泣きましたよ。あれだけ大量にあったお菓子の一、二個を取ったのがどうしてバレたんだろうって。その頃からです……あの人形がなんとなく怖くなったのは」

叱られたのちも彼女はたびたび祖父の家へと招かれたが、訪れる頻度は日増しに少なくなっていった。

「行けば必ずポコちゃんも見る羽目になるでしょ。それが厭で避けてました」

そんなある日、彼女のお兄さんが急に腹痛を訴え、病院に担ぎこまれる騒ぎが起きた。診断結果は虫垂炎。その日のうちに手術は無事成功したものの、入院した兄を看護するため、両親は病室に泊まることになったのだという。

「アンタ、今夜はお祖父ちゃんの家に泊まってちょうだい。一人だと不用心だから」

母からの電話にA子さんは必死で抵抗したが、そこは子供のこと、納得させられるはずもなく、すぐに祖父の家へ向かうよう命じられてしまった。

憂鬱な彼女に対し、祖父は久しぶりの孫との邂逅に大喜びで、今日はお客様のつもりでゆっくりしていけなどと似合わぬ台詞を吐いた。

「でも、夕食はやっぱりインスタントラーメンと缶詰なんですけれどね」

味気ない夕餉の膳を二人で囲んでいると、ポコちゃんを傍らに座らせた祖父が「やはりA子は育ち盛りだなあ、ポコちゃんより食欲が旺盛だもの」と豪快に笑った。

普段なら曖昧に返すところだったが、その時は無理やり連れてこられたという燻《くすぶ》った気持ちが思わず言葉となって飛びだした。

「バッカじゃないの。ポコちゃんってただのお人形さんじゃん」

祖父が微笑を浮かべたまま、固まる。怒られるか張り飛ばされるかと身をすくめていた彼女は、なにやら様子がおかしいのに気がついた。

祖父からいっさいの表情が消えている。視線はA子さんのほうへ向いているが、なにも見てはいない。口の中で念仏のようにぶつぶつなにかを呟いている。

ぞっとして箸を置いた途端、廊下で足を踏み鳴らすような音が響き、座卓が揺れた。

しばらく静寂が流れたのち、祖父が大きく息を吐いて「もう大丈夫だ」と小さく零す。まなざしがそれ以上聞くことを拒んでいた。


「異様な緊張感の中で、黙って食べ終えてお風呂入って。で、祖父は早々にポコちゃんを連れて自分の寝室に戻ったんですけれど、私はなかなか寝つけなくって」

居間で黴臭《かびくさ》い布団にくるまりながら、何度も寝返りをうっては朝を待っていたという。

「明日になったらすぐに帰ろう、そればかり考えてました。そしたら」

とん、と襖の閉まる音が聞こえ、続けて廊下が、ぎい、と軋んだ。

お祖父ちゃんかな。まだ起きてるのかな。

ぼんやりと考えていたA子さんは、祖父の部屋が洋式のドアであるのを思い出す。

思わず布団に潜りこんだ。

身体を丸め震えているあいだにも、廊下の軋む音は、畳を伝って布団の中へと届いた。

誰かが歩いている。

頭の中に、廊下へ立ち尽くす無表情なポコちゃんの姿が浮かぶ。

何度振り払おうとしても、想像は消えなかった。振り払おうとするたび、ポコちゃんはこちらへと近づいてきた。

耐えきれずに叫び声をあげる直前、襖の開く音が布団越しに聞こえた。

もう駄目だ、あの人形が来る。怒っているんだ。きっと怒っているんだ。

声を立てないように泣きながら、A子さんは祈った。

なにに祈れば良いのか、なにを祈れば良いのか解らないまま、手を合わせ続けた。

「それからどのくらい経ったものか……気がつくと、音が止んでいました」

布団に潜ったまま、千々に乱れる考えをゆっくりと纏めていく。

もし仮にポコちゃんが室内にいたとしても、所詮は赤ん坊大の人形である。

まさか牙が生えたり空を飛んだりするわけでもあるまいし、自分が全力で殴りかかれば勝てない道理はない。

大丈夫、単なる人形。単なる人形。

深呼吸をひとつしてから、思い切り布団を捲りあげて立ちあがる。

「……人形、いませんでした」

布団の前に正座した女が、こちらをぼんやり見つめていた。

骨に薄皮と眼球を貼りつけたような、馬そっくりの顔をした女だったという。

女は口をもごもごと動かし、なにかを延々と呟いている。目の焦点が合っていない。顔に感情の色がない。夕餉の席で見た、祖父の表情にそっくりだった。

「あなたあたらしいポコちゃんなの」

女が、にかあっ、と笑った。

A子さんが叫んでいるうちに、姿は消えていた。


「その後、祖父が死ぬまで一切あの家には近寄りませんでした。だからあの女の正体も、ポコちゃんが何者であったのかも解らないんです。ただ……」

なにかを言い淀んで、A子さんの表情が曇る。

「祖母によれば、祖父はどうやら戦地で別な女性を妻として娶《めと》ったらしいんです。たぶん、その人とのあいだになにかあったんでしょうけど……真相は藪の中です」

彼女の祖父は十年ほど前に亡くなった。

葬儀のために A 子さん一家が久方ぶりで訪れた際には、家のどこにもポコちゃんは見あたらなかったという。

だからまだ、あの人形は誰かが持っている気がするんですよね。

そう漏らしたきり、A 子さんは口を噤《つぐ》んだ。

リサ

「ポコ」の話を拝聴した翌日、アメリカ人の知人、ライアンより連絡を受けた。

前夜の席上に彼のパートナーである女性がいらしており、彼女より話を聞いてすぐさま電話をしてきたのだという。

「ケン（本名に由来する私のニックネームである）、こういうのはお前のコレクションしているアメージングな話にカウントできるのか」

そんな質問とともに、流暢な日本語で語ってくれたのが、以下の話である。怪異譚には万国を通じて共通する要素があるものだ――と、いたく感心したため、ここに記す。


彼の故郷は合衆国南部の小さな町である。

「実家は更に町のはずれにあった。アメリカ郊外の典型的な古い家屋だったよ」

家の屋根裏は物置部屋として使用されていた。クリスマスツリーや埃をかぶったままの

ストレッチマシン、蹄鉄や足の折れたベッドなどが雑多に詰めこまれていたという。

「日本人なら〝アンネ・フランクの部屋〟を想像してもらうのがわかりやすいかもな」

そんな数々の品に混じって、物置部屋の奥に小さな箱が保管されていた。

箱の中身は人形。「リサ」と呼ばれていた。

リサは十五インチ（およそ四十センチ）ほどの人形で、ライアンによると気づいたときにはすでに父親の書斎に飾られていたという。

父親いわく値打ちもののアンティークらしいのだが、出所は父以外誰も知らなかった。

リサは頭と手足が木で出来ており、膝や肘、手首や指とあらゆる関節が曲がる仕組みになっている。胴には綿が詰められていて、強く押すと指が沈むほど柔らかかった。

「まあ、アメリカではよく見かける玩具、要は幼児用の〝オトモダチ〟だな」

一見してなんの変哲もないこの人形が、ライアンはどうにも好きになれなかった。「顔の造りがアバウトなのに、表情がやけに生々しかった」のだという。

「いかにも素人が彫ったラフな目鼻でさ。左目と右目の位置も微妙にずれていたし、唇も笑う直前のように半端な開き方だった。そのくせ歯が奇麗に並んでいたり、耳にホクロがあったりと細部がやけにリアルでね。そのちぐはぐさが却って人間臭くて厭だったな」

加えて、お人形遊びとは無縁の男の子である。年に一、二度、掃除の際に触れる程度のつきあいだったという。

ある日、ライアンは二歳上の兄弟と物置を引っくり返して遊んでいた。

「今の子供ならニンテンドーだろうが、俺らの時はそんなものはないからね。シェリフと盗賊の戦い、日本で言うところの〝チャンバラ〟みたいな遊びに夢中だった」

やがて、遊びは捕虜を捕まえる場面へと突入する。話の流れでは捕虜が絞首刑にならなければいけないのだが、子供心にもそんな危険を冒す勇気はない。

「そうだ、アイツを使おうぜ。スタントパーソン（日本で言うスタントマンのこと）だ」

ふと兄はそう叫んで、父の書斎からリサを抱えて戻ってきた。

ライアンが見守るなか、兄はリサの首に荒縄を縛ると、物置部屋の梁へ縄をくぐらせ、リサと逆側の先端を掴んで一気に引きあげた。

摩擦音をあげて縄が梁をこする。床へうつ伏せていたリサの身体が跳ねあがり、梁にぶつかってから宙吊りになった。

兄はリサの身体を揺さぶり笑っていたが、ライアンはすでにこの遊びに醒めはじめていたという。

「だって、左右に揺れるリサの目が、絶えず俺を睨んでいるようにしか見えないんだよ」

どうやって兄を怒らせずに脱出しようか考えていると、階下から帰宅を報せる母の声が届いた。これ幸いとばかりにリサの脇をすり抜け、戸口へ駆け寄ってドアノブを掴む。

その瞬間、顔面を激痛が走った。

「兄貴によれば、リサが突然身をくねらせ俺の顔を蹴りあげたらしい。額をざっくりと切る大怪我でな、泣きわめく声に気づいて母親がやって来た。二人とも大目玉だよ」

不謹慎な遊びに激怒する母へ、涙目の兄が怪我の理由を告げる。

聞き終える前に、母の顔から色が消えた。

「俺らをリビングへおろしたあと、オフクロは屋根裏部屋でなにやらゴソゴソやっていた。夜にオヤジが帰宅すると一緒に二階へのぼって、しばらく言い争いをしていたよ」

翌日、リサの姿は書斎から消えた。両親に聞いても「知らない」というばかりでなにも教えてはくれなかったという。

「……それからまもなく、オヤジの様子がおかしくなった」

食事をしていると急に周囲を見まわして立ちあがる。ソファーで転寝《うたたね》しながら苦しそうに唸りだす。家の前の路地に立ち、なにかが来るのを待つように彼方を何時間も眺めている。そんな奇行が、たびたび見られるようになった。

父はその後、体調を壊して床に伏すことが増え、ライアンが日本へと渡る一半年ほど前に亡くなった。

葬儀から数日後。

父の遺品を整理していたライアンのもとへ、兄が近づいてきて「ちょっと来い」と囁いた。

向かった先は物置部屋。久しぶりに足を踏み入れた懐かしさに目を細める彼のもとへ、部屋の奥を漁っていた兄が、見たことのない箱を両手に近づいてきた。

顎で促されるまま蓋を開けると、中には藁くずに包まれた「リサ」の姿があった。

「この人形、こんなところにいたのか」

感慨深げにあの時の不思議な体験を話しはじめた彼の口を手で塞ぎ、兄が呟く。

「おかしいと思わないか。この人形、男の子だよな」

兄の言うとおり、服装や短く刈られた髪からして、リサは男児を模した人形に見える。

しかし、それがいったいなんだというのか、なにがおかしいというのだろうか。

言葉の意味をはかりかねて黙るライアンを見つめ、兄が再び口を開いた。

「リサって、女性につける名前だろ」

「あっ」

呆然とする様子を眺めていた兄が「オヤジの本棚の聖書に挟まっていた」と、ポケットから小さな紙切れを差し出した。

モノクロの写真だった。若い父と母、そしてその隣で微笑む女性が写っていた。

写真の右隅に、走り書きのサインが残されている。

「ＬＯＶＥ」という文字と「Ｍａ」のスペルは読めたが、続きは掠《かす》れて判読できなかった。

「この人が、リサなんじゃないか。人形の名前は、この女からとったんじゃないのか。オヤジは、この女と」

兄が口籠る。ライアンも、なにも言わなかった。長いあいだ、沈黙が流れた。

結局、人形はもとどおり物置の奥に箱詰めして収蔵された。写真も、聖書に挟んで棚に戻したという。

「オフクロに訊いても良かったんだが……なんでだろう、そうしちゃいけない気がしてね。結局なにも伝えなかった。それきり、そのままさ」

思いがけぬミステリーに興奮しながら、私は受話器越しにライアンへと訴えた。

「これは是非とも真相を究明すべきだ。人形の出所、リサの正体、父親が混乱した意味。そして母親は何を知っていたのか。なんなら今度アメリカへ行って君の家を捜索……」

「ケン」

強い口調でライアンが私の言葉を遮る。

「オフクロはまだあの家で人形と暮らしてるんだ、勘弁してくれ。ママが亡くなったら、そのときにまた考えよう」

彼の懇願に、私はそれ以上の取材を一旦諦めた。

彼は今年の年末、いったん故郷へ帰る予定だという。

続報がお届けできるよう、願うばかりである。

道連

M子さんの育った家には、すこし奇妙な風習が伝わっている。

「風習というか、慣習ですね。それほど古いものではなくて。私が他所の家へ嫁いだ直後、二十年くらい前にはじまったんですけど」

そのころ、実家には寝たきりの祖母がいた。

腰を患ってしまい、起きあがるのを億劫《おっくう》がるうち床に臥せってしまったのだという。

日常生活こそままならないものの祖母の意識は明瞭《はっき》りしており、受け答えも矍鑠《かくしゃく》としていたのだが、それも三月《みつき》を過ぎたころから怪しくなった。

食事をしたことを忘れる。家族の顔がわからなくなる。しまいには幼児のような口調で話しだす。典型的な痴ほう症状だった。

現在ほど理解のある時代ではなかったのが災いし、祖母は医療機関の診察を受けることなく放置された。そのあいだも衰弱はどんどんと進み、やがて寝たきりになって一年後、

祖母は息を引きとった。精神が幼な子のまま、最期は〈おねえさま〉と呼んでいた日本人形を抱きかかえながら、眠るように亡くなったのであった。


それからまもなく、M子さんの兄が亡くなった。

兄は長らく持病を抱えていたが、命にかかわるものではないと医師から聞かされていた。そのため、家族のショックは相当なものであったようだ。

「祖母のときは覚悟がありましたけれど、兄はまだ二十代でしたからね」

意気消沈する両親を、結婚したての夫とともに支えながら兄の葬式を終えた、一週間後。

今度は、その夫が突然死んだ。

早朝、寝床で冷たくなっているところをM子さんが発見したのである。

謎の残る死だった。仕事は忙しかったものの過労と呼ぶほどではなく、数週間前の健康診断でも取りたてて異常は見られなかった。

「当時、身重だった私を気遣い、義両親が葬儀をいっさいがっさい仕切ってくれました。それはそれで悔しかったんですよね。最愛の人をきちんと送りだせないのが、たまらなく心残りで……」

さて——葬儀の当日。

休憩用に設けられたお寺の一室でM子さんが横たわったまま泣いていると、義母が戸惑いの表情を浮かべながら部屋を訪れた。

「あのね、ウチのご住職が〝仏さまの配偶者とお話がしたい〟って言ってるんだけど……すこしだけ、大丈夫？」

なんだろう、心が落ちつく講話でもしてもらえるのかな。

憔悴した身を引きずるように本堂へ向かうと、住職が彼女を見るなり眉をしかめた。

「ああ、淋しさのあまり連れて行こうとしとるんだな。そこにおる」

子供の顔をしたお婆さんは。

その言葉に祖母の表情を思いだし、M子さんはぞくりとした。

義両親にも話していない彼女の家の内情を、義実家の檀那寺《だんなでら》の住職が知ろうはずもない。

絶句する彼女に、住職は「その方が大切になさっていたお人形を、お棺へ一緒に入れてあげなさい。向こうでお渡しすれば、満足して成仏するでしょうから」と告げた。

しかし——母に確認してみると、祖母の〈おねえさま〉はすでに棄てられていた。

「仕方なく、夫の実家にあった〈犬のぬいぐるみ〉を棺に入れて荼毘に伏したんですが」

菊のすきまに置かれた、可愛らしいぬいぐるみ。その姿を眺めていたM子さんの脳裏に「こんなものを入れても意味がないのでは」との不安がよぎった。

不安は的中する。

翌週、東京に住む彼女の姉が死んだのである。

夫とおなじ突然死だった。

わずか一ヶ月のうちに我が子をふたり失った母の悲しみようは、見るに堪えなかった。

「お祖母ちゃん、もうやめて、もう誰も連れてかないで」

泣き叫ぶ母の肩を抱きながら、葬儀の前日に購入した真新しい日本人形を棺に納める。

人形遊びが好きな性分ではなかった姉に「ごめん、姉ちゃん。あっちでお祖母ちゃんに渡して」と囁いてから、M子さんは棺を送りだした。

これでもう大丈夫――そう思ったのも、つかのま。

火葬場で一家が骨上げを待っていると、職員が待合室を訪れ、彼女に手招きをした。

「あの……我々もはじめての事態でして、もう一度お送りすべきか、ご相談しようと」

歯切れの悪い弁明を繰りかえしながら職員が窯を開け、棺桶を乗せた台を引きだす。

きれいに焼けた姉の骨。その傍らに、不恰好な炭を思わせる塊が転がっていた。

生焼けの人形だった。

「ご遺体がお骨になる温度ですから……残るなどということは有り得ないんですが」

しどろもどろで説明する職員の声をうわの空で聞きながら、彼女は「やっぱり、お祖母ちゃんの愛玩していた〈おねえさま〉じゃないと意味がないんだ」と確信する。

一週間後、今度は彼女の叔母が亡くなる。家族はもう誰ひとりとして驚かなかった。通夜の手伝いを両親に任せ、彼女はデパートや人形店を巡った。

「このままでは、いずれ両親か自分……お腹の子にまで累が及ぶと思って。必死でしたね」

〈おねえさま〉に容姿の似た人形を捜すこと数時間。ようやくM子さんは四軒めのお店で、面立ちがそっくりな一体を発見する。

その晩、彼女は祖母の部屋に布団を敷いて、買ってきた人形を枕元へ置いた。

「お祖母ちゃん、〈おねえさま〉だよ。お祖母ちゃんの大事な〈おねえさま〉だよ」

空の布団にひたすら話しかける。

と、二時間ほど経ったころだろうか。

人形が這いずりながら、誰もいない布団へ移動しはじめた。

薄暗い和室に、人形のうごめく衣擦れの音だけが響くなか、M子さんは「お祖母ちゃん、この子を持っていって。この子だけ持っていって」と、繰りかえし語りかけた。

まもなく敷き布団がわずかに沈みこみ、母が我が子をあやすかのごとく、人形が小さくゆらゆら揺れはじめた。その様子をじっと睨みながら、彼女は虚空に声をかけ続けた。

夜明けを迎えるころには布団のへこみも消え、人形の動きも止まっていたという。

聞き届けてくれたんだ――。

「すぐに叔母の家を訪ね、棺に人形を入れてもらいました」

その日以来、彼女の家から葬式は出ていない。二十年を経たいまも、両親をはじめ家族全員が健在である。お腹の子も無事に生まれ、去年からは大学生活を満喫しているそうだ。

「けれど、やっぱり不安でしょ。だからその後、おなじ人形を追加で注文したんです」

現在、彼女の実家には〈おねえさま〉そっくりの日本人形が十体ほど収蔵されている。

祖母の命日には一体を選び、仏間に敷いた布団へひと晩寝かせておく。

「それが最初に説明した慣習です。お祖母ちゃん、忘れちゃうかもしれないでしょ」

幸い、いまのところ人形を棺に入れるような事態は起こっていないが、それでも念には念を入れて、祖母の三十三回忌までは捨てずに置くつもりだそうである。

敏子

智香さんが、正常な社会生活を営めなくなってから半年になる。

半年前までは毎朝六時に起床して、夫のために手の込んだ弁当を作り、娘を小学校に送り出してからパートの仕事に向かっていたのだ。

それが今では、一日の殆どを自宅で過ごしている。

心身ともに悪いところはない。

全ての原因となったのは、一体の人形だという。

夫の叔母、美由紀さんから貰った日本人形がそれである。

美由紀さんは智香さんを気に入り、何かにつけ助けてくれていたのだが、長らく自宅に引き籠もった挙句に亡くなった。

発見されたときは、骨と皮だけの衰弱しきった状態だったという。

引き籠もるきっかけは夫の病死であったが、その原因は自分にあるのだと美由紀さんは言い張り、生きることを拒否したらしい。

全ての人との交渉も断ち、殆ど自殺同然の衰弱死であった。

子供のいない美由紀さんは、一体の日本人形に敏子と名付け、我が子同然に可愛がっていた。おかっぱ頭の少女を模した、所謂《いわゆる》市松人形である。

骨董品の店で見つけて惚れ込んだらしく、出かけるときもバッグに入れていくほどであった。

自らの寿命を悟った美由紀さんは遺書を残していたのだが、その中身は人形の譲渡に関することのみであった。

『私が死んだら、敏子を智香さんに預けてください』

そう書かれてあったそうだ。

正直に言うと、智香さんは人形が苦手であった。けれど、美由紀さんの形見ならば話は別と、自らに言い聞かせたらしい。

娘が手荒に遊んでしまうことを予想し、智香さんは人形を寝室の本棚の上に置いた。

その夜のことである。夫が夜勤のため、智香さんは独りで眠っていた。

常ならば朝まで目覚めることはないのだが、何故か真夜中に目が覚めてしまった。

夫がいないときは灯りを点けたまま眠るのだが、それにしては部屋が薄暗い。電球切れかと思い、ぼんやりと天井を見上げた智香さんは、瞬時に目覚めて飛び起きた。普段よりも薄暗いのは、天井全体に広がる黒煙のせいであった。

火事だ、娘を助けなければ。それしか頭に浮かばず、慌てふためいてドアに向かおうとして気付いた。

燃えている気配がない。熱くもなく、臭いもしない。

智香さんは、天井を見直した。黒い煙は漂ったままだ。触れそうなぐらい濃密な質感がある。

では、これは一体なんなのか。智香さんは煙の正体を確かめようとして、ベッドの上に立った。

その途端、煙はするすると移動を始めた。

漂うというよりも、しっかりとした目標を持った動きである。

煙の先端が人形に到達した。煙は、うっすらと開いた人形の唇に触れるや否や、あっという間に人形の中に入り込んでしまったという。

呆気に取られながら見つめていた智香さんは、そこで漸く我に返った。

慌てて寝室を飛び出し、居間のソファーでまんじりともせずに夜明けを迎えたそうだ。

今すぐにでも人形を捨ててしまいたいのだが、形見の品という点が引っかかる。

夫と相談した上で処分しようと決め、智香さんは朝の支度を始めた。

とりあえず意を決して寝室に入った。

なるべく人形を視野に入れないよう、俯いたまま箪笥に向かう。適当に服を持ち出し、急いで居間に戻る。着替えて顔を洗い、朝食を作り、娘を起こす。

起きてきた娘は智香さんをじっと見つめて言った。

「おかあさん、そのひもはなに?」

言われて初めて智香さんは、自分がおんぶ紐を巻いていることに気付いた。

娘が赤ん坊の頃に使っていたおんぶ紐である。

箪笥の奥に片付けていたはずだ。いつの間にこんなものをしたのだろう。

更にもう一つ気付いた。

自分が何かを背負っている。

厭な予感というか、既に答えは分かっている。その答えを娘が言った。

「ねえ、なんでお人形さんおんぶしてるの」

悲鳴を上げることも忘れ、智香さんは紐を外した。一刻も早く下ろしたいのだが、身体が言うことを聞かない。

自分は何をしているのだろうと思いつつ、丁寧に紐を外し、ゆっくりと人形をソファーに置いていたという。

ソファーに置いた人形は、朝の光を浴びて輝いて見えた。

智香さんの中で人形に対する恐怖心が消えたのは、このときかららしい。

人形が、いや敏子が実に愛おしく、一瞬でも怖いと思った自分が許せない。

どうかすると、我が子よりも大切な存在に思える。

そんな自分を冷静にたしなめる自分もいる。


敏子はなんて可愛いんだろう。――いや、そう思うのはおかしい。

だって可愛いものは可愛い。守ってあげなきゃ。――だからおかしいって。


思考は、その繰り返しである。

娘はいつの間にか、勝手に出かけていた。

ぼんやりと敏子を見つめ、ふと気付くと昼過ぎであった。

結局、パートを無断欠勤してしまった。

まあいいか、この子と一緒に過ごせるならと、心底から思えたそうだ。

まさにこの日から、智香さんの日常生活が変わったという。


とにかく敏子優先で動く。丁寧に髪を梳き、抱きしめ、頭を撫で、一日を共に過ごす。

夫も娘も二の次である。というか、食事を作るのも面倒である。

自分を叱りつけ、どうにかして買い物に出かける。だが、買い物袋の中に敏子を入れていく自分を止められない。

夫婦共稼ぎで、漸く生活できていた家庭であったため、とうとう貯金を食い潰し始めた。

当初、夫は心配し、優しくしてくれていたのだが、あまりにも異様な行いに疲れたのか、娘を連れて実家に帰ってしまったそうだ。

それでも尚、智香さんは家族よりも敏子を選んでしまう。

生活費はどうするのか、このままではいずれ生活は破綻する。

どうにかして敏子から離れる努力をするべきではないのか。

捨てるのが無理でも、誰かに預けたら良いのでは。一度、お寺か何処かで見てもらうのはどうか。

自ら問いかけるものの、答えは出ないという。

話している間も、智香さんはずっと敏子を撫でていた。

ちなみに最近、生活費のほうは解決したらしい。

夫が娘を連れて車で外出中、大型トラックと正面衝突したのである。

二人とも即死したため、多額の保険金が手に入ったとのことだ。

貰ってきたお人形

皆さんは、いわゆる「ダイヤルQ2」をご存じだろうか？ 八〇年代末にNTTが始めた電話による有料情報サービスの俗称だ。二〇〇〇年代に入る頃から廃れてきて、二〇一四年には完全にサービスを終了したので、若い読者さんは知らないかもしれないが、一時は大いに流行した。競馬、占い、テレフォンセックスといった大人向けの商材ばかりではなく、子ども向けの音声情報まで提供されていた。

一九九〇年頃、ダイヤルQ2が人気を集めていた当時、小三だった奈美江さんの同級生の間では「お化け電話」が流行っていた。

ダイヤルQ2のその番号に電話を掛けると、怪談が聴けるのである。

いろんな怖い話が揃っていて、そういうものが好きな子なら全部聴きたくなるように工夫されていたが、当然、電話料金に情報料が上乗せされるので、保護者からは不評だった。

奈美江さんも、母親から「お化け電話」禁止を申し渡されていた。

「隠れて電話を掛けても、NTTの請求書を見ればわかるんだからね。絶対ダメだよ！」

しかし頭ごなしに禁じられると、かえって欲求が高まるものだ。奈美江さんは子どもなりに考えた。親が厳しくない友だちが近所にいれば、その子の家で一緒に聴けるのに、と。

だが残念なことに、その頃、奈美江さんは旭川市の中心部から郊外の住宅街に引っ越してきたばかりで、そんな都合のいい友だちは一人もいなかった。

引っ込み思案な性格も災いして、小二の途中で転校してきてから、たっぷり半年も、同級生の会話に聞き耳を立てているばかりで、話の輪に加われなかったという。

みんなが「お化け電話」について「百話目に本物の幽霊が現れるって！」「怪談二〇個ぐらい聴いた。全部面白かった！」などと騒いでいるのを聞くのは辛いことだった。

——私も聴いて、みんなと楽しくお話ししてみたいのになぁ。

しきりに口惜しく思っていたところ、九月のある日、放課後、隣のクラスの女の子から廊下で呼び止められた。

「ねえ。一人で帰るの？」

孤独だった奈美江さんには、いささか屈辱的に感じられる質問だったが、相手の表情をうかがうと、嘲《あざけ》っているわけではなく、単に訊いてみただけ、という感じを受けた。

「うん。そうだよ」

そう答えると、その子はニッコリと笑顔になった。あらためて見れば綺麗な顔をした少女で、着ているものも洒落ている。こんな子と友だちになれたらいいな、と、奈美江さんは思って、ちょっとドキドキした。

「じゃあ、うちに遊びにおいでよ。私、A子。あんたは?」

「奈美江……」

「じゃあ、ナミちゃんだ。ナミちゃん、怖い話は好き? お化け電話って知ってる?」

「うん、知ってる……けど、お母さんがダメだって……」

「そうなの? うちは平気。お化け電話、一緒に聴く?」

奈美江さんは、ランドセルの中で筆箱が踊るほど、思いっきり全身でうなずいた。

A子に誘われて校門を出て、住宅街の通りを歩いた。親切な同級生と連れだって歩く町の景色は、いつもより明るく見えた。空気まで美味しい。嬉しくて胸が弾む思いがした。

一〇分ぐらい歩くと、A子は一軒の店屋の前で立ち止まった。北海道の片田舎にしては場違いなほど都会的なブティックが道に面していて、ショーウィンドウの大きな板ガラスが秋の陽射しをギラリと照り返していた。ガラス越しに店内のようすも窺えた。

「ここが私の家」とA子はショーウィンドウの上を指差して言った。見れば、その建物は三階建てで、店舗の二階と三階にも窓があり、側面の壁に外階段が付いている。

A子は軽快な足取りで外階段を上った。上の踊り場に玄関口があり、鍵を開けて「入って」と手招きする。「おじゃましまーす……」と奈美恵さんは大理石のタイル張りの三和土《たたき》に立って挨拶をしたが、応える声はなく、家の中は静まり返っていた。

耳を澄ますと、階下のブティックで流している有線放送のクラシック音楽がかすかに聞こえてくる。室内の調度品はセンスが良く、高級品ばかりのように見え、自分の家より百倍もお洒落だと奈美江さんは感じた。A子に選ばれたことを、彼女は心から喜んだ。

そこで、「素敵なおうちだね」と素直に感動を伝えたのだが、A子は素っ気なく、「そうかな?」と応えただけだった。そして「お母さん、見た?」と彼女に訊ねてきた。

——ブティックのショーウィンドウ越しに、店内にいる女の人を見かけたが、あれがA子の母親なのだろうか。オレンジやピンクの柄がついた華やかなブラウスを着て、パーマでウェーブをつけた長い髪を肩に垂らし、赤い口紅が歌手や女優のように似合っていた。

答える前に、「下のお店にいたでしょ。あれがうちのお母さん」とA子が言ったので、まず間違いなさそうだと思い、ますます憧れが膨らむのを感じた。

奈美江さんの母は工場で働いており、授業参観と冠婚葬祭のときぐらいしか化粧をしない、ごく地味な外見の人だったのだ。

A子の部屋も特別な感じがした。……少し散らかっているけれど。でも私の部屋より広いし、洋室だ。自分の四畳半の和室は、A子には見せられないと妙に先回りして思った。

それに、何よりも羨ましく感じたのは、固定電話の子機が部屋にあったこと。

「さっそく掛けてみよう」とA子は言い、電話の子機を充電器から外して手に取った。

「履歴に番号が残ってるから簡単だよ」と説明されたが、奈美江さんにはリレキの意味がわからなかった。一回ボタンを押すだけで「お化け電話」に繋がったので驚いた。

さらに、A子が子機に取り付けられた何か別のボタンを押すと、音声が流れだしたものだから、ますますびっくりしてしまった。

何か脅すような音楽やヒュードロドロという効果音と共に、A子が手に持つ子機から知らない人の声が流れ出して、怖そうな話を語りはじめた。

「トイレの花子さんのお話だ」とA子が囁いて、ベッドに腰かけた。「ナミちゃんも座りな」と促されて、おずおずとベッドの端の方へ座ると、お尻が柔らかくマットレスに沈んだ。

「A子ちゃんちって、凄いね」

「そう?」

それから四話か五話、立て続けに怪談を聴いた。小一時間も経った頃、ある話が終わったタイミングで、A子は急に電話を切った。

「もうお終いにしよう。ちょっと待っててね」と言ってベッドからピョンと下りる。何をするのかと思ったら、傍らのクローゼットの扉を開いて、ぶら下がっている服の間に頭を突っ込んで腰を屈め、ごそごそと何か探しはじめた。

ほんの二、三秒後には、「あった」とつぶやいて、体ごとこちらに向き直る。

見れば、A子は、両手で胸の前に薄汚れた西洋人形を掲げていた。

青いガラスの瞳に真正面から見つめられて、奈美江さんは息を呑んだ。

人形は大きく、赤ん坊か肥《ふと》った猫ぐらいもあり、レースやフリルの飾りのついた小豆色のドレスと、お揃いの帽子で装っていた。その頃は子どもだったのでわからなかったが、大人になった今なら「アンティークのビスクドールのレプリカだ」と思うに違いない。

さらに「元は」高価なものだったであろうと推測できたはずだ。

そう。元々は、だ。もはやドレスは色褪せ、一見ビスクドール風だが実は樹脂製の顔は手垢だらけで黒ずみ、金髪の巻き毛はぐしゃぐしゃにもつれ、見る影もなかった。

「この人形、ナミちゃんにあげるね。じゃあ、もう帰っていいよ。これ持って帰って」

「え？」

事態が呑み込めずにいると、グイッと人形をお腹に圧しつけられた。

「この人形、貰ってよね！　お化け電話を聴かせてあげたんだから、貰って！」

さっきまで優しかった友だちに別人のように険しい表情で強く迫られて、ショックで泣きそうになりながら、仕方なく人形を受け取ったが……A子も人形もなんだか怖い。恐々と「いらないよ?」と言ってみたけれど、A子からは「私もいらないって言ってるでしょ!」と凄い剣幕で言い返されただけだった。

あとは『帰って』の一点張り。「ナミちゃん、帰って! ほら、帰ってよ!」

べそを掻きながらランドセルを背負い、厭な人形を抱えてとぼとぼと家路についた。

そろそろ辺りが薄暗くなってきていた。首から下げていた鍵をシャツの襟元から引っ張り出して玄関の鍵を開けると、家の中はいっそう闇が濃かった。

カーポートに車がなかったが、あと一時間かそこらで母も帰宅するはずだ。

——お母さん、この人形を見たら怒るだろうな。

玄関の電気を点けて、両手で掲げて人形をじっくり観察した。かなり汚れているとはいえ、値段が張りそうで、「返してきなさい」と叱られるに決まっていると予想した。

下駄箱の置き時計を見ると、あと少しで午後五時になるところ。

手を洗い、足を引きずって二階の子ども部屋へ行った。自分の部屋に入ると気が抜けて、人形を抱えて畳の上にへたり込んだ。

——これ、どうしよう?

途方に暮れながら、頭を整理するために、とりあえず目の前に人形を横たえた。するると、人形の瞼が自然に閉じた。長い睫毛《まつげ》を伏せて、眠ったような顔になった。抱き起こすと、また、ゆっくりと両目を開く。仰向けに寝かせたら、再び目を瞑った。仕掛けを理解した途端に、なぜかはわからないが、この人形に愛着が芽生えた。

ハンカチを濡らしてきて丁寧に顔を拭いてやり、洗面所からヘアブラシを持ってきて髪を梳いているうちに六時を過ぎて、母が運転する車のエンジンの音が外から聞こえてきた。慌てて人形を押し入れの奥に隠し、ヘアブラシを洗面所に戻した直後に、母が玄関のドアを開ける物音がした。

後ろめたさを覚えながら母を出迎え、何食わぬ顔をしていつも通りに時間をやり過ごし、胸の奥に何かつっかえたような変な気分のまま、蒲団に入る時間になった。

小二になってから自分で蒲団を敷くきまりだったのは、幸いなことであった。

なぜなら、母に人形を見つけられずに済むから。

寝るときも、人形は押し入れに隠したままにしておいた。

そこが子どもの浅知恵。蒲団を押し入れにしまったり干したりすることは、まだ腕力が足りないからと免除されていたのである。つまり、蒲団の出し入れは母か父、多くの場合は母がやってくれていたので、人形が発見されるのは時間の問題だったわけだ。

おまけに翌日は母の勤め先が休業日であることにも、そのときは思い至らなかった。

一晩経つと人形のことなどてっきり忘れて登校してしまったのも、子どもならではの愚かさだ。

翌日、学校から帰ってきて、部屋の真ん中に横たわっているそれを見て、初めて彼女は自分が失敗したことに気づいたのだった。

アッと部屋の出入り口で立ちすくんで、寝顔になった人形を見つめていると、後ろから母がやってきて、「それ、ちょっと気持ち悪いね」と話しかけてきた。

「えっ？」と振り向くと、母は視線を人形に投げて、「それ」と平板な口調で言った。

——やっぱりバレてしまった。

「お母さん、人形のことで怒らないの？」

「怒る？　なんで？」

「……勝手に、お友だちから、お人形を貰ってきたから」

「盗ったの？」

「違うよ！　貰ってって言われたの」

「へえ。よかったじゃない。親切なお友だちができて！　同級生？」

「うん。隣のクラスのA子ちゃん。お洋服屋さんのうちの女の子だよ」

ああ、と母は合点がいったふうに声を上げた。

「大通りのブティックね。そういえば、こないだ冷やかしたときに同学年の娘がいるって言ってたわ。仲良くしなさい。そのうち、あそこで服を買おうと思っていたんだから」

「う、うん……」

実は、その日、A子は口を聞いてくれず、話しかけると、あからさまに無視されたので、友だちになれなかったことは明らかだった。いらなくなった人形を押し付ける相手として、初めから仲良くなるつもりがない彼女を呼び寄せただけだったのだろう。

そう思えば悲しかったが、この人形が自分の物になったのは嬉しかった。

――あんたは、私のお友だちになってね。もう怖くないよ。

畳から両手でそっとすくいあげて、学習机の上に優しく座らせてやった。

そのようすを眺めていた母が「洋服を洗濯したらマシになるかしら」と言った。

そこで、さっそく人形の服を脱がせて、母に手伝ってもらいながら手洗いした。

陰干しした衣装に、母がアイロンを掛けてくれた。その間に、人形のほうも手入れした。

全身を隈なく拭き清めて、髪を整えただけだが、清潔になったドレスを着せると、見違えるように立派になった。「きっと外国製だね」と母も感心してくれた。

その後、奈美江さんは、いつも寝るときは蒲団の枕もとにその人形を置くようになった。常に美しく保つように心がけて、朝に晩に話しかけた。

不思議なのは、置き場所を変えても、寝るときになると、いつのまにか人形が枕もとに座っていたことだ。

母がやっているのだろうと思っていたが、中一か中二の頃、年末の大掃除のとき一時的に押し入れに入れておいて、途中で少し部屋を空けて戻ってきたら、畳の真ん中で仰向けに寝そべっていた。

そのとき、違和感を覚えると同時に、貰ってきた翌日の光景とそっくりだと気がついた。

そこで奈美江さんは、薄暗い予感を胸に、母にこう訊ねてみた。

「ねえ、お母さん、私がお人形を持ち帰った後のことを憶えてる？　翌日、私が学校に行った後で、お母さんが押し入れから出して畳の上に置いたんだよね？」

母は「そんな前のこと、よく憶えていないけど、たぶん違うよ」と答えた。

「だって、あの人形が押し入れに入っていたことなんて一回もないからね！　最初からずっと、いつも部屋に出しっぱなしにしていたでしょう？」

——やっぱり。

「何よ？　人形が自分で動いたなんて、怖いこと言わないでちょうだいよ」

「言わないよ。そんなこと、あるわけがない」と口では言ったが、このとき奈美江さんは人形が自力で移動したのだと確信していたという。

それがまったく怖くなかったと言えば嘘になる。以来、人形に触れる度に、なんとなく指先が凍えるような心地がした。

それでも、この人形を遠ざける気にはなれなかった。

A子が「いらない」と言い、粗末に扱っていたようだったのは、ふつうの人形ではないことを知っていたからかもしれない、と、奈美江さんは考えた。しかし彼女にとっては、綺麗にして可愛がってあげてきた分、人形の存在が欠かせないものになっていたのである。たまに勝手に動くぐらい、なんでもなかった。


奈美江さんとA子は、あの日以来一度も言葉を交わさないまま、同じ公立中学校を卒業した。別々の高校へ進んでからは、彼女はA子の存在を思い出すことも特になくなった。

もう人形は完全に自分の物になって、A子との絆は完全に切れていると信じていた。

高校生になっても、あいかわらず寝るときは枕もとに侍《はべ》らせており、大事に扱っていた。

別れは突然やってきた。

高校卒業後、彼女は道内でも離れた場所にある看護師専門学校に入ることになった。

その学校は総合病院に付属しており、病院の寮で暮らしながら、午前中は病院で働き、午後は勉強をするのである。彼女の家は豊かではなかった。働きながら卒業できて、真面目に頑張り通せば就職先にも困らず、早く経済的に自立できる道を選んだのだ。

当然、人形を持っていくつもりだった。ところが、荷造りをしはじめたときには確かにあったはずなのに、いざスーツケースにしまおうと思ったら、どこにも見当たらない。

「お母さん、私のお人形、見かけなかった？」

「知らないわよ。そう言えばあの人形、ここ何年も見かけていないような気がする」

「そんなわけないよ。さっきまでずうっと私の部屋にあったんだから……」

「そうお？　変ねぇ。じゃあ、今も奈美江ちゃんのお部屋にあるんじゃないの？」

出立時刻の直前まで必死に捜したが、発見に至らなかった。

「お母さん、お人形を見つけたら寮に送って。お願いだから、お父さんもお人形を捜すのに協力して。小学生の頃から私が大事にしてた、赤ん坊ぐらいの大きさの西洋人形よ」

「いや、そんな人形なんて、この家にあったかなぁ？　見たことないぞ」

父は不思議そうな顔で首を傾げた。

「そんなわけない！　私の部屋に一〇年も前から、確かにあったじゃない？」

「うーん。全然憶えがないな。でも、わかったよ。お母さんと一緒に捜しておくから」

だが、人形は、ついに見つからなかった。

うっかり捨ててしまうようなサイズでもない。両親も何度か捜してくれたようなのだが、どこにも無いというのだった。奈美江さん自身も実家に戻るたびに捜したが、無い。煙のように消えてしまった。そう考えるしかなかった。

そのうち彼女は看護専門学校を卒業して、社会人になった。就職した病院は実家から電車の通勤圏内にあり、久しぶりに古巣に戻って、再び二階の四畳半で寝起きしはじめた。

少女の日々と変わらない部屋の景色から、ただ一つ、あの人形だけが欠けていた。

そのまま三年ほど経って、一人前の看護師として多忙な毎日を送っていた頃、ある日突然、母の口から久しぶりにA子の名を聞かされた。

「A子さんっていうブティックのお嬢さん、奈美江ちゃんの同級生だったわよね？」

八歳のとき無視されて辛い思いをした記憶が蘇ったが、もう痛みを感じないことに気づき、「そうだけど、お人形を私に押しつけたきり口も利いてくれなくなったから、疎遠にしてきたよ」と彼女は母に打ち明けた。「変な子だったな。親が放任主義だったみたいで、ダイヤルQ2をたくさん聴かせてくれたっけ。彼女がどうかした？」

『それがさあ、心を病んじゃったんだって……。あのお店のご近所では何年も前から、そのことで有名だったそうなの！　高校を卒業するまではふつうだったのに、大学に入る直前に急に人が変わったようになって、ありもしない人形が襲ってくると騒ぎだして……』

人形と聞いてドキリとした。

「お人形が？　それって、高校卒業後のこと？」

「そうなのよ！　大学に進学する予定だったのに……ご近所中に聞こえるような声で喚いたり物を壊したり……手が付けられなくなって、入退院を繰り返していたという話だよ。奇声や物音や、奥さんの悲鳴で、退院しているかどうかがわかると言っていたから、よっぽど酷いんだね。しかも、今度はとうとう家に火を点けたみたい！」

「A子ちゃん、自分の家に放火したの？」

「そうよ！　一昨日の晩のことよ！　奈美江ちゃんは夜勤だったから知らないだろうけど、消防車のサイレンが宵の口から真夜中過ぎまで何時間も、物凄かったんだから！」

そういうことがあったので母は好奇心に駆られ、一夜明けた昨日、近所で詳しい情報を聴き込んできたという次第だ。火事はA子の家の二階を焼いただけで消し止められたということだったが、「不幸中の幸いとは言いづらいよね。娘さん、また入院したみたいだけど、いずれまた家に戻ってくるんだろうから」と母は陰気な声でつぶやいた。

そのうち帰ってくるのはA子ばかりではないだろうと思いながら、奈美江さんはそのとき母には何も言わなかった。

しかし彼女は私（川奈）には、「お人形はA子の家に帰ったんです」と仰った。

「あの子は、私が家を出ていくと決まったときに、行ったこともない場所に連れていかれるよりかは、元の棲み処《か》に戻ることを選んだのでしょう」

では、奈美江さんと同じように人形の魅力に気がついて丁重に扱ってやっていれば、A子は不幸にならずに済んだのだろうか？

帰ってきた人形をもてなしていたら、或いは、違う結果になったのかもしれない。

しかし私には、その人形は果たして本当に存在していたのか……もしも在ったとしても超自然的な物だったのではないか、とも思われた。

奈美江さんの家では、母と奈美恵さんしか人形に関わっておらず、母も、人形が消えるだいぶ前から見かけてすらいないと証言していたではないか？

もしかすると、奈美江さんがA子の部屋を訪れたあの日すでに、件の人形は此の世にありうべからざる異形の者だったのでは……。

そう考えると辻褄が合うような気がするではないか？

ちなみにA子の母のブティックは今もあり、ショーウィンドウから店内を覗くと、昔と同じように華やかに着飾った老店主の姿が見えるという。

店主の娘は滅多に人前に現れないそうだが、人形もまた長らく人目に触れていないことを思えば、いつのまにか娘——A子が人形に成り代わっていたとしても、私は驚かない。

お人形さんに咬まれるよ

現在六四歳の壱郎さんの最初の記憶は、五月人形にまつわるものだ。

彼が誕生したときから家にあるそれは《兜差《かぶとざ》し》といって、歌舞伎「暫」でヒーローの鎌倉《かまくら》権五郎《ごんごろう》景政《かげまさ》が見得を切るポーズを模していた。歌舞伎では隈取りをした役者が高く上げた右手に扇を持つのだが、こちらは愛くるしい男の子の姿で兜を掲げている。

三歳か四歳の春、壱郎さんは、茶箪笥の上に飾られたこの人形に目を留めた。

人形は四角いガラス製のケースに納まり、ケース前面の左端に把手《とって》が付いていた。

彼はその頃、踏み台に乗ることを覚えたばかりで、食器棚から茶碗を出して食事の支度を手伝ったり、洗面台で鏡を見ながら歯磨きをしたりすることが嬉しくて仕方がなかった。

茶箪笥は彼の背丈ぐらいの高さで、踏み台を使えば、ガラスケースを開けられそうだと気がついた。母は買い物に行っていて留守で、縁側から柔らかな西日が深く差し込み、茶の間は明るく、暖かかった。

踏み台を引っ張ってきて、茶箪笥につかまりながら上に乗ると、案の定、人形のケースの把手に手が届いた。しかし固く閉まっていてビクともしない。悪戦苦闘するうちに母が帰ってきて、「何してるの！　お人形さんに触っちゃ駄目よ」と彼を見咎めた。

「イタズラすると、お人形さんに指を咬《か》まれるよ！」

「嘘だぁーい！　お人形さんが咬みつくわけないよ！」

壱郎さんは信じなかった。そこで、母が留守の隙をついて、また同じことをした。

どういうわけか、今度は簡単にケースの戸が開いた。

兜差し人形は、赤いおちょぼ口で、凛々しい眼差しを手にした兜に投げ掛けている。

「お人形さん出ておいで」と話しかけると、その口もとが心なしかほころんだ。

——なんて可愛いお口なんだ！

思わず手を伸ばして、おちょぼ口を小指の先でチョコンと突いた。途端に針で突き刺されたかのような鋭い痛みが走り、指先から真っ赤な血が噴き出した。

踏み台から転げ落ち、畳に伏して泣いているところへ、母が帰宅した。

「さてはお人形に触ったね？　咬まれたんでしょう？　どら、見せてごらん」

小指の先に深い穴が開いており、母が舌で舐めてくれたが、血が止まらない。

近所の町医者に診せると、太い針を第一関節の辺りまで刺し込んだようだと指摘された。

消毒してもらったのだが、手当の甲斐なく傷は膿んで熱を持ち、結局、治る前に端午の節句が終わって、件の人形は片づけられた。

その人形は彼の家に今もあり、不思議なほど、新品同様の美しさを保っているという。

秘密基地

今から四十年ほど前、金安さんがまだ小学生の頃の話だ。

当時住んでいたのは今ほど都市開発も進んでおらず、辺り一面はキャベツなどの葉物野菜の畑が広がり、畑の脇にはトタン造りの農機具置き場がいくつも並んでいるような、のどかな農村だったという。

鍵のかかっていない農機具置き場は、金安さんにとっては格好の遊び場で、友達と一緒に中へ潜り込んでは秘密基地として使っていた。

また少し足を伸ばして里山の方に行くと、鬱蒼とした杉林があり、あまり人も来ないことから、ここもまた彼にとっては良い遊び場だった。

五月のある日の休憩時間に、隣のクラスのヤスオが興奮気味に教室に駆け込んできた。

「キンちゃん！　昨日、山で新しい〝秘密基地〟を見つけたんだよ」

ヤスオは今でこそ別のクラスだが、幼稚園時代からこの春まで、ずっと同じクラスだった幼なじみだ。

「なになに？　それどこにあるの？」

「西の沢の向こう側だよ」

ヤスオの話では、秘密基地があるのはお地蔵様のある林道を少し登った先で、林道が獣道と二手に分かれる所から、獣道に沿ってしばらく進んだ沢の先なのだという。

「林道が分かれるところってどこ？」

「わからないなら、今日僕が連れてってあげるよ！」


その日の放課後、金安さんはヤスオに連れられて林の中に入っていった。

ヤスオに続いて目印の沢の先を進んで行くと、木造の古そうな建物が現れた。

それは打ち捨てられたお寺のお堂。周囲の板壁は所々朽ちて、土に還っている。屋根の軒先は大きく波打ち、一部は瓦が落ちて屋根板がむき出しになっていた。

建物の傷み具合からみても、誰も使っていないのは明白だった。

「中はどうなってるのかな？」

恐る恐るお堂の中を覗くと、意外にも室内には雨漏りの跡はなく、須弥壇《しゅみだん》や、それを取り囲む脇間や下陣の床に傷みはなかった。

これなら秘密基地として使うには申し分ない。

「こりゃ、いい所を見つけたねー」「すごいでしょー」

得意満面のヤスオを尻目に、金安さんには少し気になる点があった。それは、須弥壇の上に置かれた、古びたミルク飲み人形。

「あの人形、ヤスが持ってきたの?」

「ううん。ここを僕が見つけた時にはあったよ」

きっとこのお寺が放置されるよりずっと前に、誰かが置いていったモノだろう。

人形の眼は虚空を見つめ、物憂げな表情を浮かべているように見える。本来ならば愛くるしいと感じるのだろうが、全体に黒く薄汚れ、ほこりを被っていることと、お寺という雰囲気と相まって、なんとなく表情が気味が悪い。いつもの金安さん達ならば、基地の中にあるモノはすべて秘密基地ごっこの道具になるのだが、この人形に関しては触ってみようという気にはなれなかった。

それでも、この日からここは金安さんとヤスオだけの新しい秘密基地になった。

「今日は〝M〟で……」

これがふたりの合言葉になった。学校で合言葉を交わした日の放課後には必ず、秘密基地に集まった。

はじめは里山で遊ぶときの集合場所兼休憩所という使い方だったが、やがて自分の部屋から持ってきたゲームのソフトを交換したり、持ち寄ったボードゲームで日暮れまで対戦したりすることもあった。今までの農機具置き場の秘密基地や自宅とは違い、どれだけ居座って遊んでも叱る大人も来ないので、二人にとって自由を謳歌できる場所だった。

そんな風に日々を過ごして七月。その日は一学期最後の日だった。

金安さんは終業式が終わると急いで教室を飛び出し、ひとりで山の秘密基地に直行することにした。

先生からもらった通信簿の中身は、予想通り「1」と「2」のオンパレード。家に帰って母親に見せようものなら、大目玉を喰らうのは確実だった。それならば、通信簿を母親の手の届かない秘密基地に隠しておいて、ほとぼりが冷めた頃にこっそり持ち帰ろうという作戦を立てていた。

うっかり気を抜くと見落としてしまいそうな獣道に沿って、杉林の奥に進むとやがていつもの場所に秘密基地のお堂が見えた。

（よし、急いで隠そう）

金安さんは階段をトントントンと軽快な足取りで上がると、お堂の扉を勢いよく開けた。

外の光が差し込み、暗くなっていたお堂の中を照らし出す。

「あれっ？」

誰もいないと思っていたお堂の中には、もう先客がいた。ヤスオだ。

しかし今日は学校で合言葉の約束はしていなかったはず。

「ヤスも来てたの？」　金安さんの声に、ヤスオからの返事はない。

突然飛び込んできた友達に全く気づいていないのか、金安さんの方には目もくれず、背中を向けたまま須弥壇の方を向いて座っている。

同じ終業式終わりで教室を飛び出したにしても、全力で走ってきた自分より先に着くというのは早すぎる。しかも、ヤスオの周りにはランドセルも鞄の類も見当たらず、学校から直接ここへ来たとは考え難い。

「ヤス、ずいぶん早かったね。もしかして早引けでもした？」

「…………」

しかしヤスオは須弥壇の方を向いたままで、答えない。

「ねえ？　今日来るの早くない？　大丈夫？」

もしかして具合が悪いのかと気になった金安さんは、ヤスオの前に回り込んで、もう一度質問する。

「ひぃっ！」

彼の顔を覗きこんだ金安さんの口から思わず息が漏れる。

ヤスオの顔は、唇を少し尖らせて眼は虚ろで薄く笑っていた。

その表情はまるで、須弥壇のミルク飲み人形が乗り移ったかのようだ。

「う、うわぁぁっ、あぁぁぁぁっ！」

心の奥で凍り付いていた恐怖心が一気に湧き上がり、口から絶叫が吹き出した。金安さんは、踵を返すと一目散にお堂を飛び出した。

（ヤスが人形になった！）

金安さんは転げるように山を下ると、自分の家を目指した。

飛び込むように帰宅すると、真夏だというのに自分の部屋で布団にくるまって、ひとりガタガタと震えていた。


――ピンポーン！　ピンポーン！　ピンポーン！……

玄関のチャイムの音で目を覚ました金安さんは、いつしか自分が眠ってしまっていたことに気がついた。何時かは分からなかったが、窓の外はすっかり暗くなっている。

チャイムは一度ではなく、しつこく何度も鳴らされている。やがて家の奥から玄関へ向かう足音と「はい、はい」とぼやく様な母親の声が聞こえた。

母親が玄関扉を開ける音に続いて、向かいに住むヤスオの父親の絶叫のような声が響いた。

「ヤスオが！　家に帰って来てない!!」

えっと驚いて金安さんが布団から身を起こすのと同時に、母親が部屋の襖を開けた。

「あんた、ヤスオちゃんがどこ行ったか知らない？」

「昼間に山のお寺で見た……。それで……」

母親のただ事ではない様子に、金安さんはかすれた声で絞り出した。

金安さんの証言を母親から聞くなり、ヤスオの父は金安さん宅から飛び出していった。

ヤスオの父の頼みですぐさま村の青年団と消防団総出の捜索隊が結成され、山狩りをすることになった。

「お前も来い」

金安さんは父親に村の集会場に連れて行かれて、警察署の電話応対と捜索隊からの無線連絡を待つことになった。

金安さんが最後にヤスオを見た秘密基地、里山の杉林の西の沢近くにある古寺の場所を伝えると、大人たちは何班かに分かれて集会所を後にしていった。

父親と二人きりで広い集会所の広間に無言のまま座っていると、時間が経つのが恐ろしく長く感じられた。

(ヤスが見つからなかったら……、いや、秘密基地が見つからなかったらどうしよう)

だいぶ経ってからパトカーで集会所にやって来た警察官に、秘密基地のことや最後にヤスオに会った時のことなどを根掘り葉掘り聞かれている間も、金安さんの中の気がかりは、無線連絡が未だにこない不安だった。

(ヤスが見つからなかったら僕のせいだと責められるだろうか? あの時自分がヤスを連れて帰っていなかったから……)

――ピッ、ガガガガッ!

突然、集会所に異音が響いた。捜索隊からの無線機のコール音だ。

〈山の古寺を見つけたが、寺の中にヤスオはいなかった〉

金安さんの父が警察官と交信を代わり、捜索隊から引き続き周辺を捜索すると、警察に連絡された。

「山狩りは地元の皆さんにお任せして、我々はヤスオ君が下山した可能性に備えて、付近の捜索に当たります」

そう言い残して警察官が引き上げて行ったが、金安さんは夜が明けるまで一睡もできなかった。その間に、担当の捜索を終えた班の捜索隊がぼつぼつと集会所に戻ってきた。ヤスオの父の班が戻ってきたのは東の空が白んできた頃だったが、山頂付近を捜索していた班が最後に戻った日の出の時点まで、誰もヤスオの姿を見つけられなかった。

――ジリリリリーン！

集会所の黒電話に、ヤスオの父が飛びついた。

「もしもし！……はい！　そうです！……え、見つかった……」

怒鳴るような返事が一転して気の抜けた声に変わり、集会所の面々から安堵のため息が漏れた。

消防団長が身振りでヤスオの父と警察署との電話を交代して、息子の迎えに行かせた。

「ヤスオは、村のはずれの墓地の中でぼんやり立っているのを発見された。意識がはっきりしていないようなので、一時的に町の病院で保護してもらった」

と、消防団長からその時集会所にいた捜索隊の面々に発見時の様子が伝えられて、捜索隊は解散となった。

父親と家に戻った金安さんは、再び自分の布団に入った。

彼が眼を覚ましたのは、その日の夕方過ぎだった。

ヤスオも無事発見された夏休み初日。こんな風に過ごしても怒られることもない。

（お腹がすいたなぁ……）

寝ぼけ眼をこすりつつ何か食べようと居間へ行ってみると、鬼の形相をした母親がちゃぶ台の前に座っていた。

「ちょっとあんた。ここに座んなさい」

ちゃぶ台の上には、古寺に隠し忘れた通信簿が全開の状態で置かれていた。

反射的に逃げ出そうとしたが、即座に母親に腕を掴まれ畳の上に引き倒されてしまう。

「青年団の人が届けてくれたけど、お母さん恥ずかしくて死にそうだったわ！」

親切な青年団員のおかげで、金安さんは大目玉を喰らい、夏休みは毎日家で勉強する羽目になったという。


「ヤスオくんいますか？」

「ごめんね、まだ一緒には遊べないのよ。顔だけでも見て行ってくれる？」

夏休みに入ってから数日後、町の病院からヤスオが退院したと聞いて、向かいの家を訪ねてみたが、しばらくは部屋で静養して様子をみるしかない状態なのだという。

「ヤスオ。キンちゃんが来てくれたわよ」

「ヤス、どう?」

通された部屋の中に敷かれた布団の上に横たわったヤスオは、ただまっすぐ上を見ているだけで、母親はもとより誰の問いかけにも全く反応を見せないのだという。天井を見ているのかと思いきや、目の焦点も定まっていないようだ。

「今はこんなだけど、キンちゃん、これからも顔見に来てくれる?」

涙声を抑えながらのヤスオの母に頼まれては、イヤとは言えなかった。

それから十日も過ぎた頃には、徐々に正気を取り戻して、元のヤスオに戻っていった。

ところが。

「えっ? 終業式の日のこと? 学校で靴はいてから……、わかんないや。なんか気がついたら、家で寝てた。病気だったのかな?」

金森さんが何度聞いてみても、終業式の日に学校を出て以後のヤスオの記憶はぷっつり途切れたままで、何処に行ったか、何をしたかはわからずじまいだった。

代々の市松

昨今は神社の運営が難しく、経済的に成り立たせるために副業を持つ宮司も多い。岐阜県の西濃地方にある真斗さんの神社も然《しか》り。江戸初期からの由緒を誇る古社で、同じ家系で代々宮司を受け継いできた。しかし入り婿だった真斗さんの父の代になってから、氏子が高齢化して集落の人口が急減。父は宮司のかたわら小学校の教頭を務めるなどしてきたが、定年退職後の暮らしぶりは如何にもつましく、財政難は傍目にも明らかだった。

そのようすを真斗さんはハラハラしながら見守ってきた。飛んで行って父を助けてやりたいのは山々だったが、そうはいかない事情があったのだ。と、いうのも、彼は二〇代の頃からフランスに移住して、現地で家庭を築いていたのである。妻子と仕事を置いて帰国するわけにはいかなかった。

ところが、今から一〇年近く前に、転機が訪れた。

勤め先が倒産、失職の憂き目に遭ったのだ。それとほぼ同時に、母から、父がいよいよ年老いて最近は病気がちだという知らせも届いた。

そこで思い切って帰国して、宮司を継ぐことにした次第だ。

幸い子どもたちは育ちあがり、妻もフルタイムで働いて経済的に自立していた。とりあえず単身帰国することには支障がなく、両親も非常に喜んでくれたのだが……。

思っていたよりはるかに、神社の収益が乏しかった。

ただし好運なことに、境内に、ゲストハウスにできそうな魅力的な空き家があった。

明治時代の濃尾震災で彼の高祖父にあたる宮司の家が倒壊した後、近隣の農家を買い取って移築した、築約一五〇年の屋敷である。母方の祖母がここで最期の日々を送り、祖母の死後は放置されて、もはや廃墟同然のありさまとなっていた。だが、二階建てで床面積が延べ二百平米もあった。太い梁や大黒柱、五右衛門風呂、縁側など日本的な特徴が色濃い古民家で、外国暮らしの長い彼は、飛騨高山や下呂温泉、白川郷、大垣城といった県内の観光資源と相俟《あいま》って、海外の観光客に人気が出るに違いないと直感した。

この勘が中《あた》り、改修工事を経てオープンすると、すぐに経営が軌道に乗った。

活用すべき空き家は、もう一軒あった。神社の本殿から車で片道三〇分ばかり離れた住宅街にある、彼が生まれ育った和洋折衷の昭和の民家がそれで、長年、両親が二人で住んでいたが、父が教頭職を退いて境内にあったもう一軒の家に母と移ってから空いていた。

しかし、こちらはその後も倉庫代わりに使ってきたとのことで、傷みが少なかった。

少し手を入れたら売却することもできそうだと思っていたところ、ある日の昼下がりに、旧知の仲である女性カメラマンのBが、社務所にいた彼を急に訪ねてきた。

聞けば、同じくカメラマンの夫と一緒に、岐阜県内で住まいを探しているのだという。

「しばらく腰を据えてこの辺りの景色を撮る予定で、ついでに中古の家をＤＩＹでリノベーションしてみたいと思っているのだけれど、良い物件はないかしら？」

渡りに舟だ。真斗さんは迷わず、住宅街の空き家のことを彼らに話した。

するとBと夫は、さっそく内見したがった。だが神社を留守にもできないので、彼は夫婦に玄関の鍵を預けて、住所と道順を教え、家を見に行ってもらうことにした。

「古い家具や何かがごちゃごちゃ置いてあるけど、間取りや何かはわかると思う。電気も点けていいからね。ガスは止めてるけど、水も出るし、トイレも使える。今日は車で来たの？　だったら家のカーポートに車を停めて、散歩がてら近所を見物してみるといいよ」

「ありがとう。何時までに戻ればいい？」

「神社の閉門は五時だけど、僕はずっとここにいるから、遅くなっても大丈夫」

ここからその家まで車で往復一時間。戻ってくるのは三時間以上後になると予想した。

ところが、一時間もするとBと夫が鍵を返しに来た。

「どうしたの？　ほとんどトンボ返りじゃないか。何かあった？」

あらためて見れば、二人とも心なしか蒼ざめている。ことにBは、張り詰めた顔つきで、明らかにようすがおかしい。

「もしかして、蛇か鼠か何かが出たのかい？　この辺は田舎だからなぁ」

彼が苦笑いしてそう言うと、Bが激しくかぶりを振った。

「ううん！　違うの！　そうじゃなくて……奥の座敷に市松人形があったよ！」

そう言うなり、両手で顔を覆った。その指先が小刻みに震えている。

本気で怯えているのだ。

市松人形には心当たりがあった。友禅柄の振袖を着た、体長五〇センチぐらいの人形だ。

彼が物心ついたときには、すでにその家にあったが、触らせてもらえなかった。

「おふくろの人形だと思う。昔から大事にしていたのに、引っ越すときに持っていかなかったのか……。そんなに怖がるようなものではなかったはずだけどなぁ？」

Bの夫が「いいえ、僕もあれは少し怖かったですよ」と彼に言った。

「彼女ほどじゃありませんが……。彼女は、床の間の棚に置いてあったあれを見た途端、悲鳴を上げて家から飛び出してしまったんです。でも、実際とても厭な人形で……」

「厭な？　おかしいですね。おふくろのとは別の人形かもしれない。この後、見てきますよ。その人形が無かったら如何です？　Bちゃんは、あの家、どう思った？」

Bは大きなため息を漏らすと、両手を顔からどけた。赤い目をして彼を見つめると、「あれを、あそこに置いておかないで」と蚊の鳴くような声で言った。

「あれがあるうちは、怖くてあの家に入れない。あれを取り除いてくれたら、考える」

「わかった。人形はどけておくから、ぜひまた見に来てよ。こんどは僕も一緒に行くから」


その夜、真斗さんは車で問題の家まで、人形を確かめに行った。

あの家の一階の奥座敷には、違い棚付きの床の間がある。

人形はそこに置かれていたに違いない。

果たして、行ってみると出入り口の襖が開きっぱなしになっていた。室内から暗闇が黒い瘴気《しょうき》のように廊下に溢れ出しているようでもあり、見るからに怪し気だ。さっさと片づけるに限ると思い、開いた襖から一歩、中に足を踏み入れて、壁際のスイッチを素早く押した。

天井の明かりが点いた。だが、妙に光量が乏しい。

床の間の辺りは特に影が濃い。薄暗がりに、見覚えのある友禅の着物を着た市松人形があり、違い棚の下の段からこちらを睨みつけていた。

顎を引き、切り揃えた前髪の陰から、怨めしそうな上目遣いの眼差しを向けてきている。引き結んだ口の口角が下がり、胡粉《ごふん》で白く塗り固められているはずの顔が、死人のように蒼黒く見えた。今にも飛び掛かってきそうな怒気をはらんだ表情だ。

——こんな人形ではなかった。

彼の記憶にあるそれは、乳白色の丸顔に品の良い微笑を浮かべた典型的な市松人形だった。顔が変化しているだけでも背筋が凍るようだが、さらに異様なことに、無機物らしからぬ気配を発散していた。

結局、ためらった挙句、彼は人形をそのままにして、逃げるように立ち去った。

翌朝になっても、人形を取りに行く気になれず、かといって放っておくのも恐ろしく思われて、とりあえず両親に相談してみた。

「昔住んでいた家にあるおふくろの人形のことなんだけど、あれ、お祓いをしたほうがいいと思うんだよ」

「急にどうしたんだ？」と父が不思議そうにしたので詳しく事情を説明すると、両親は顔を見合わせた。

「あの人形は大きくて場所を取るから置いてきてしまったんだけど……。何ヶ月か前に見たときは、ふつうの顔をしていたわよ」と母が言った。

「それが、今はそうじゃないんだ。ゾッとしたよ！　神殿でお祓いをして御霊を鎮《しず》めてから、丁重にお焚き上げをしてあげなければいけないよ」

「あんたの好きにしなさい。私は、子どもの頃はあれでよく遊んだものだけど、だんだん思い入れが薄れて……。欲しい人がいたら譲ってあげようと思っていたの。母から貰ったものだから、私も誰か女の子にあげられないかしら、と……」

母によれば、そもそもは、幕末か明治の初め頃に、母の祖母（真斗さんの高祖母）が誰かから贈られた人形だったという。高祖母から曾祖母へ、曾祖母から祖母へ。そして祖母から母へと、あれは受け継がれてきたのだ。

「この家系は、なかなか男の子に恵まれなくてね。稀に生まれたとしても、私の兄さんのように、みんな神職を嫌って家を出てしまうものだから、昔からお婿さんを取ってきたの。真斗さんが初めての男の後継ぎだよ」

「僕が女の子だったら、あの人形を貰っていたことになるね？」

「そうね。そうじゃなくても、あなたが日本で家族を持っていたら、奥さんか孫娘にプレゼントしたかもしれない」

彼は「ごめんね」と苦笑いした。「でも、あんなふうになってしまっては、もう、誰にあげるわけにもいかないよ。お焚き上げしてもいいよね？」

日中であれば、怖い思いをせずに神社まで運んでこられると思っていた。ところが、この日から連日、急な頼み事が次から次へと舞い込み、また、そのどれもが重要な案件だったもので、人形どころではなくなってしまった。

Bから連絡があれば急ぐ必要もあるが、あれきり音沙汰がなかった。たぶん、あの家に住む気がないのだ。もうどこかに物件を借りるか買うか、したかもしれない。

——人形の件が解決したら、一応、声を掛けてみよう。

そう考えていた矢先に、こんなことが起きた。

明け方、両親が行き先も告げずに揃って車で出掛けていったので、何があったのか案じていたところ、一時間あまりで帰ってきた。

エンジンの音を聞いて駆けつけると、ちょうど母が助手席から降りてきた。あの市松人形を大切そうに胸に抱きかかえ、涙ぐんだ目で彼を見つめた。

「連れて帰ってきたの！　この子のお顔を見てやってちょうだい！」

差し出された人形の顔を、彼は恐々と覗き込んだ。

すると、色白の頬に涙の跡が筋を引いているものの、すっかり元通りの顔つきに戻っているではないか。

「抱っこしたら、涙を流しながらお顔がだんだん直ったのよ。今はもう、昔のままの可愛い子になったわ！　寂しい思いをさせて悪かった！」

そう言って、母は人形を抱きしめると、おいおいと泣きだした。

その後、落ち着きを取り戻した母から事の顛末を教えられた。

人形の顔が変わっていたことを聞いた日から、毎晩、夢枕に高祖母が立って「あれはあなたのお人形だから面倒を看てあげなければいけないよ」と母を諭したのだという。

それが三夜も続いたので耐えられなくなり、四日目の今朝、父を起こして人形を取りに行ったそうである。

「真斗さんには話していなかったけれど、この子を兄さんの家にあげたことがあって、そのときも、しばらくしたら私のところに戻ってきたのよ」

母方の伯父夫婦は、何年も前に鬼籍に入っていた。子どものいない夫婦で、親戚付き合いを避けていた節があり、真斗さんは彼らに会ったことがほとんどなかった。

「結婚してあなたを授かって、男の子だとわかったときに、兄さんのうちにお人形を譲ったの。兄さん夫婦は体質的に子どもができないそうで、奥さんがとても落ち込んでいたから、娘だと思って可愛がってくれないかしら、と……。慰めになったらいいと考えたんだけど、今となってみれば浅はかだったわね。かえって傷つけてしまったに違いない」

真斗さんが生まれて、当時は存命だった曾祖母や祖父母、両親が喜びに沸いていた頃、伯父が一人で訪ねてきて、母に変わり果てた姿になった人形を突き返した。

「片腕が折れて、帯は解けて、着物もあちこちほつれていた。髪もぐしゃぐしゃで、怒りに任せて虐《いじ》めたみたいだった。兄さん夫婦にも、この子にも悪いことをしたと反省した私は、壊れたところを修繕して新しい着物を縫ってやり、それからずっと、あの床の間に飾って、初めのうちは毎日、話しかけていたのだけれど……」

忙しい日々に取り紛れて、数十年のうちに、伯父夫婦に対する悔恨の情と共に人形のことを忘れていったのだ。

「もう独りぼっちにさせないからね」と言って、母は人形に頰ずりをした。


――それから六年が経った。

両親の老いは進み、昨年、父が天寿をまっとうし、母は医療施設に付属した介護サービスつきの高齢者向けマンションに入居した。

母が市松人形を連れてきた直後にBから「やっぱりあの家を借りたい」と連絡があって、以来、あそこにはB夫妻が住んでおり、ときどき真斗さんを訪ねてくる。

人形は、ゲストハウスに飾られている。

当初、真斗さんは、母が施設に行く際に、これを持たせようとした。

しかし母は、ゲストハウスに置いていくことを望んだのだ。

「元はこの子の家だった場所だから。私と来るより、ここのほうが寂しくないだろうし」

と言って。

確かに、本来は高祖母の頃から人形が住んでいた家だった建物で、考えようによっては生家に帰るようなものだ、と真斗さんも思った。

最近、ゲストハウスでBたち夫婦を交えてパーティーを開いたとき、Bは人形に目を留めて、こんなふうに驚いていたものだ。

「なんて可愛らしいの！　これ、本当にあのときのお人形？」

「そうだよ。おふくろが亡くなったら、御霊抜きをしてお焚き上げするつもりだ」

「えっ？　お焚き上げなんてもったいなくない？　貴重な骨董品でしょう？」

しかしBにそう言われても、真斗さんは考えを変えなかった。

母から実の娘へ、代々受け継がれてきた人形である。この人形に宿っているのは高祖母以来のこの家の女たちの魂なのだろう。

だとしたら、最後の〝娘〟である母と共に幽世《かくりよ》へ旅立たせることが、理に適《かな》う。

初出一覧

こわい人形と従姉の母 ―― 西浦和也（書下ろし）
ウチの嫁 ―― 西浦和也（書下ろし）
伯母のお土産 ―― 田辺青蛙（幻冬舎WebPlusに加筆）
イライラする ―― 田辺青蛙（幻冬舎WebPlusに加筆）
ひとくい ―― 黒木あるじ（書下ろし）
三姉妹 ―― 川奈まり子（書下ろし）
公園 ―― 黒木あるじ（怪談実話 痕）
こびと人気 ―― 朱雀門出（怪談五色）
損傷 ―― 黒木あるじ（怪談実話 叫）
透明人形 ―― 朱雀門出（怪談五色）
腐り人形 ―― つくね乱蔵（怪談五色 呪葬）
肥像 ―― 黒木あるじ（怪談実話 累）
gさんと人形 ―― 朱雀門出（怪談五色 忌式）
マネキン ―― 我妻俊樹（怪談五色 死相）
ビスクドール ―― 神薫（怪談四十九夜 出棺）
美しい解剖人形 ―― 田辺青蛙（幻冬舎WebPlusに加筆）
座敷童子 ―― 田辺青蛙（幻冬舎WebPlusに加筆）
にしださん ―― 黒木あるじ（書下ろし）
左手 ―― 黒木あるじ（書下ろし）
ありくい ―― 黒木あるじ（書下ろし）
ぬいぐるみの気持ち ― 小田イ輔（怪談四十九夜 断末魔）
わかばちゃん ―― 吉澤有貴（怪談四十九夜 鎮魂）
プレゼントの人形 ―― 我妻俊樹（怪談四十九夜）
人形 ―― 鳥飼 誠（恐怖箱 呪毒）
お茶会 ―― 我妻俊樹（実話怪談覚書 忌之刻）
柱時計とロボット ―― 吉澤有貴（怪談四十九夜）
むかしのいえ ―― 黒木あるじ（黒木魔奇録 狐憑き）
ぎょろ目 ―― 我妻俊樹（忌印恐怖譚 くびはらい）
案山子の腹 ―― 我妻俊樹（実話怪談覚書 水霊魂）
人形　二話 ―― 鳥飼 誠（恐怖箱 学校怪談）
嫉妬 ―― 小田イ輔（呪の穴）
八月二日生まれの人形 ―― 田辺青蛙（幻冬舎WebPlusに加筆）
消えた私と人形 ―― 田辺青蛙（幻冬舎WebPlusに加筆）
ポコ ―― 黒木あるじ（怪談実話 畏）
リサ ―― 黒木あるじ（怪談実話 畏）
道連 ―― 黒木あるじ（怪談実話 叫）
敏子 ―― つくね乱蔵（恐怖箱 閉鎖怪談）
貰ってきたお人形 ―― 川奈まり子（書下ろし）
お人形さんに咬まれるよ ―― 川奈まり子（書下ろし）
秘密基地 ―― 西浦和也（書下ろし）
代々の市松 ―― 川奈まり子（書下ろし）

著者紹介

我妻俊樹（あがつま・としき）
『実話怪談覚書 忌之刻』にて単著デビュー。著書に「実話怪談覚書」「奇々耳草紙」「忌印恐怖譚」各シリーズ、『奇談百物語 蠢記』など。共著に「てのひら怪談」「ふたり怪談」「怪談五色」「怪談四十九夜」「瞬殺怪談」各シリーズ、『猫怪談』など。歌人として『カメラは光ることをやめて触った』など。

小田イ輔（おだ・いすけ）
「実話コレクション」「怪談奇聞」各シリーズ、共著に「怪談四十九夜」「瞬殺怪談」「奥羽怪談」各シリーズ、『未成仏百物語』など。原作コミック『厭怪談 なにかがいる』（画・柏屋コッコ）もある。

川奈まり子（かわな・まりこ）
膨大な怪異体験談を蒐集。怪談の語り部としてイベントや動画などでも活躍中。単著「一〇八怪談」「実話奇譚」「八王子怪談」各シリーズ、『家怪』『眠れなくなる怪談沼 実話四谷怪談』『迷家奇譚』『少年奇譚』など。共著に「怪談四十九夜」「瞬殺怪談」各シリーズ、『実話怪談 恐の家族』など。

黒木あるじ（くろき・あるじ）
怪談作家として精力的に活躍。「怪談実話」「無惨百物語」「黒木魔奇録」「怪談売買録」各シリーズほか。共著では「怪談四十九夜」「瞬殺怪談」各シリーズ、『奥羽怪談』『実録怪談 最恐事故物件』『未成仏百物語』など。『掃除屋 プロレス始末伝』『葬儀屋 プロレス刺客伝』など小説も手掛ける。

神 薫（じん・かおる）
静岡県在住の現役の眼科医。『怪談女医 閉鎖病棟奇譚』で単著デビュー。『怨念怪談 葬難』『骸拾い』『静岡怪談』など。共著に「怪談四十九夜」「瞬殺怪談」各シリーズ、『現代怪談 地獄めぐり 業火』など。
女医風呂 物書き女医の日常
https://ameblo.jp/joyblog/

朱雀門 出（すざくもん・いづる）
二〇〇九年「今昔奇怪録」で日本ホラー小説大賞短編賞を受賞。実話怪談では『第六脳釘怪談』をはじめとする「脳釘怪談」シリーズ、共著に「怪談四十九夜」シリーズや『京都怪談 神隠し』など

田辺青蛙（たなべ・せいあ）

『生き屛風』で日本ホラー小説大賞短編賞を受賞。実話怪談では「大阪怪談」シリーズのほか『紀州怪談』『北海道怪談』などご当地もの多数。小説『魂追い』『人魚の石』など。共著に「京都怪談」「てのひら怪談」各シリーズのほか『怪しき我が家』『読書で離婚を考えた』など。

つくね乱蔵（つくね・らんぞう）

『恐怖箱 厭怪』で単著デビュー。『実話怪談傑作選 厭ノ蔵』『恐怖箱 厭福』『恐怖箱 厭熟』『恐怖箱 厭還』など。共著に「怪談四十九夜」「瞬殺怪談」「怪談五色」「恐怖箱テーマアンソロジー」各シリーズなど。

鳥飼 誠（とりがい・まこと）

東京都出身B型。幼い頃より怪談ジャンキーの道を突き進み、現在、福祉施設で機能訓練士を務めるかたわら、愛すべき一人息子を自分がなれなかった怪談エリートにすべく特訓中。もっぱら脊髄反射のみで怪談を蒐集している。『恐怖箱 呪毒』など。

西浦和也（にしうらわ）

不思議&怪談蒐集家。心霊番組「北野誠のおまえら行くな。」や怪談トークライブ、ゲーム、DVD等の企画、イラストレーターとしても活躍。単著に「現代百物語」シリーズ、『西浦和也選集 獄ノ墓』『西浦和也選集 迎賓館』『実録怪異録 死に姓の陸』『帝都怪談』、共著に『出雲怪談』『実話怪談 恐の家族』など。

吉澤有貴（よしざわ・ゆうき）

無類の怪談好きにて『FKB怪談遊戯』で初怪談披露。共著『怪談実話二人衆 嫐（うわなり）』など。

人形の怖い話

2023年7月６日　初版第1刷発行
2024年6月25日　初版第2刷発行

著者……………………………黒木あるじ、川奈まり子、西浦和也、田辺青蛙、我妻俊樹、朱雀門 出、神 薫、小田イ輔、鳥飼 誠、つくね乱蔵、吉澤有貴
デザイン・DTP ……………………………………………………………… 延澤 武
企画・編集 ……………………………………………………………… Studio DARA

発行所……………………………………………………………… 株式会社 竹書房
〒102-0075　東京都千代田区三番町８－１　三番町東急ビル６F
email：info@takeshobo.co.jp
https://www.takeshobo.co.jp
印刷所……………………………………………………………… 中央精版印刷株式会社